项目支持：

国家特色蔬菜产业技术体系产业经济研究室（CARS-24-F

河北省现代农业产业技术体系蔬菜产业经济（HBCT20180

河北省教育厅人文社科重大攻关项目（ZD201917）

河北省科技厅软科学项目（19457520D）

河北省蔬菜产业协同创新中心

经济管理学术文库·经济类

我国农业产业合作契约选择与稳定性研究
——以水生蔬菜为例

Contract Choice and Stability in China's Agricultural Cooperation:
An Empirical Evidence from Aquatic Vegetable Sector

吴　曼　赵帮宏／著

经济管理出版社

ECONOMY & MANAGEMENT PUBLISHING HOUSE

图书在版编目（CIP）数据

我国农业产业合作契约选择与稳定性研究：以水生蔬菜为例/吴曼，赵帮宏著 . —北京：经济管理出版社，2022.7

ISBN 978-7-5096-8604-1

Ⅰ.①我…　Ⅱ.①吴…②赵…　Ⅲ.①水生蔬菜—产业发展—研究—中国　Ⅳ.①F326.13

中国版本图书馆 CIP 数据核字（2022）第 128838 号

组稿编辑：曹　靖
责任编辑：郭　飞
责任印制：黄章平
责任校对：蔡晓臻

出版发行：经济管理出版社
　　　　　（北京市海淀区北蜂窝 8 号中雅大厦 A 座 11 层　100038）
网　　址：www. E-mp. com. cn
电　　话：（010）51915602
印　　刷：唐山玺诚印务有限公司
经　　销：新华书店
开　　本：720mm×1000mm/16
印　　张：11
字　　数：201 千字
版　　次：2022 年 8 月第 1 版　　2022 年 8 月第 1 次印刷
书　　号：ISBN 978-7-5096-8604-1
定　　价：88.00 元

前　言

　　农业产业合作契约在促进小农户与大市场的衔接、降低交易成本、分担市场风险、保障食品质量安全、促进农民增收和提高产业竞争力等方面发挥了积极作用。但是，我国农业产业合作契约普遍存在显性契约参与率低、违约率高、稳定性差的问题，制约了产业链的扩展和价值链的提升，成为农业转型升级的"瓶颈"。由此引发的思考是：为什么我国农业产业合作契约难以有效实施？为什么我国农业产业合作契约以隐性契约为主？如何提高我国农业产业合作契约的稳定性？这些是我国农业转型升级需要回答的现实问题。

　　产业合作契约的选择实质上是产业内不同主体间使用某种制度安排，使交易得以有效实现的一种治理手段。由于人是有限理性并存在机会主义倾向的，交易就需要治理。选择与交易属性（资产专用性、不确定性、交易频率）相匹配的治理结构，以提高交易的效率，降低交易成本，这就是事前治理。现实中，产业合作契约的选择存在内在规律，市场交易、订单合约、股份合作、纵向一体化等产业合作契约分别适用于不同属性的交易，如果订单合约、股份合作等契约形式与交易属性不匹配，可能大部分产业合作契约会变为市场交易。当正式治理难以有效实施时，关系治理可促进产业合作契约实现稳定，采取适当的治理手段促进契约的稳定性，这是交易的事后治理。

　　水生蔬菜产业因其特色鲜明、产业链条长、附加值高、多功能性强，在农村一二三产业融合发展、支撑县域经济、增加农民就业方面发挥了重要作用。选择水生蔬菜产业合作契约进行经验研究，有助于深入理论研究，拓展合作契约的应用研究。在农业转型升级过程中水生蔬菜产业涌现了多种合作契约形式。部分企业通过与产业上下游主体建立合适的合作契约，保障了产品质量安全，成长潜力十足，成为"隐形冠军"；但大部分水生蔬菜产业合作契约以隐性契约为主、违约率高、稳定性差的问题尤为突出。水生蔬菜加工企业与合作社以口头约定进行市场交易，合作社与农户采用市场交易，产品质量难以保障；显性契约虽然违约率高，但产品质量得以提高。水生蔬菜合作契约不合理会引发供需矛盾，2018年莲藕价格大幅下跌，价格的异常波动不仅损害了农户、合作社、企业的利益，而且对产业发展造成了一定的损害。显性契约与水生蔬菜的交易属性不匹配，信息不对称和市场的不确定性引发了买卖双方的机会主义行为，造成了高违约率；企业与合作社、农户间选择隐性契约是对不确定性进行适应性的制度安排。提高水生蔬菜产业合作契约稳定性的前提是选择合适的契约形式，从根本上降低不确定性，优化履约机制。因此本书以水生蔬菜产业合作契约选择与稳定性为题，从事前治理、事后治理系统化的研究合作契约稳定机制。

本书在交易成本理论、不完全契约理论基础上，借鉴供应链管理、社会嵌入理论等，弥补实践中交易特性对合作契约选择解释力不足的问题，拓展合作契约选择与稳定性的研究。本书利用 2018～2020 年对水生蔬菜产业的案例调查和问卷调研数据，明确不同合作契约的实施效果，分别基于公司和农户视角分析合作契约选择问题，探究水生蔬菜产业合作契约稳定性机制。本书主要研究内容如下：

研究内容一：探究水生蔬菜产业合作契约选择的机理。

加工公司、经销商在水生蔬菜产业合作契约选择中占有主导地位，但以公司为主导的产业合作契约选择机制的研究不多。以往研究假定在完全竞争市场中、不确定性无限大情况下，着重考察资产专用性对合作契约选择的影响。但在复杂的水生蔬菜市场中单纯地从资产专用性角度难以解释目前产业合作契约的现状，需要考虑交易属性、关系属性、产品属性等多重因素。本书研究资产专用性、不确定性、交易规模、产品属性、关系属性等因素的影响，明确水生蔬菜产业合作契约选择机制。通过数理模型和案例分析，得出在公司与农户均进行专用性投资的情况下，不确定性升高有助于双方建立显性契约关系。在农户专用性投资近乎为零的情况下，不确定性升高农户机会主义行为更加频繁，隐性契约更多。当公司处于垄断地位的情况下，公司即便进行了大量专用性投资仍会选择市场交易；在市场结构由完全竞争向不完全竞争转变的过程中，合作契约会由市场交易向订单合约、股份合作等显性契约转变。从公司角度解释了水生蔬菜产业合作契约难以有效实施的原因。

研究内容二：分析不同农户特征、风险偏好、守信意识对合作契约选择的影响。

从农户的角度来看，学者对农户参与合作契约以及履约行为的影响因素做了大量研究。研究了市场风险、交易成本、交易属性、风险偏好、个体特征等因素的影响。鲜有学者关注农户在市场交易、订单农业、股权合作等不同契约形式间的参与行为。由于农户在水生蔬菜产业合作契约的选择中常处于被动地位，个人内在特征对其行为的影响更大，因此需要从个体内在偏好角度深入探究农户禀赋的异质性对合作契约选择的影响。使用 MNL 模型实证分析，结果显示，随着风险偏好的上升，小农户参与市场交易的概率更大；专业大户参与订单合约、股份合作等显性契约的概率更大。面临同样的市场风险时，小农户的风险损失小，追求每一次交易利润最大化；专业大户风险损失大，追求平均利润最大。从农户角度解释了水生蔬菜产业合作契约以隐性契约为主的原因。

　　研究内容三：明确专用性投资、社会网络、社会嵌入、信任关系等因素对合作契约稳定性的影响路径。

　　关系治理是正式治理的有效补充，特别是在正式治理难以有效实施的情况下，关系治理能够提高产业合作契约的稳定性。大量研究表明，信任关系、社会资本、专用性投资等因素促进提高合作契约稳定性，但是如何提高信任关系、如何增加社会资本等问题还需深入研究。鉴于社交网络在水生蔬菜流通方面的应用以及社会资本对合作契约的重要影响。本书使用结构方程模型探究社会网络、社会嵌入、专用性投资、信任关系如何影响合作契约稳定性，解释如何提高水生蔬菜产业合作契约稳定性的问题。

　　本书研究得到以下主要结论：①水生蔬菜合作契约的演进是在市场竞争、消费需求、技术变革等外部推动力的作用下，水生蔬菜产业经营主体寻求与当下交易属性匹配的治理结构，以提高交易的效率，降低交易成本，在产品升级满足市场变化的同时获得合作收益。②加工公司、经销商等主体在合作契约选择中处于主导地位，农户是被动的。公司选择合作契约的逻辑是在特定交易特征、关系特征和产品特征下选择交易成本最低、风险损失最小的合作契约形式。③同质化的大宗产品难以通过显性契约达到稳定状态，个性化特色产品通过显性契约容易达到稳定状态。④稳定的合作契约能够提高产品质量和产品附加值，促进产业向高质量发展。⑤水生蔬菜合作契约稳定的前提是资源互补和双方谈判地位相当。⑥扩展合作内容、增加专用性投资、充分利用社交网络能够提高水生蔬菜公司与农户合作契约的稳定性。

　　本书的创新在于：①相较以往以某一经营主体参与合作契约行为的研究，本书在内容方面进行了扩展和深入。本书针对同一产业中的不同经营主体、不同合作契约形式间的选择问题进行了研究，涵盖多个维度和层次，具有一定的创新性。从动态角度来看，在时间维度上分析了合作契约的演化过程；从静态角度来看，横向比较分析了不同合作契约的运行现状和实施效果。②以往研究主要聚焦在资产专用性等交易属性对合作契约选择的影响。本书将资产专用性、不确定性、关系特征纳入同一个研究框架中，具有一定的创新性。③在新媒体时代，社交网络极大地推动了水生蔬菜产业的合作，目前在数字化的应用如何影响合作契约稳定性方面的研究还不足。本书在网络社交媒体广泛应用的情况下，分析合作契约稳定性机制。在交易成本理论基础上引入社交网络理论，研究社交网络使用的密度和规模对合作契约稳定性的影响路径。④针对水生蔬菜这类高不确定性、高产品专用性的农产品相关研究并不多，特别是实证研究更少。

目　录

1 引言 ……………………………………………………………………… 1

   1.1 问题的提出 ……………………………………………………… 1

   1.2 国内外研究现状 ………………………………………………… 4

   1.3 研究内容、思路与方法 ………………………………………… 14

   1.4 数据来源与样本情况 …………………………………………… 23

2 水生蔬菜产业合作契约选择与稳定性的分析框架 …………………… 26

   2.1 水生蔬菜产业合作契约选择 …………………………………… 26

   2.2 水生蔬菜产业合作契约稳定性 ………………………………… 39

   2.3 本章小结 ………………………………………………………… 44

3 我国水生蔬菜产业合作契约的演进及动力机制 ……………………… 47

   3.1 我国水生蔬菜产业发展现状 …………………………………… 47

   3.2 我国水生蔬菜产业合作契约的历史演进 ……………………… 57

   3.3 我国水生蔬菜产业合作契约演进的动力机制 ………………… 64

   3.4 本章小结 ………………………………………………………… 69

4 我国水生蔬菜合作契约实施效果及原因 ……………………………… 71

   4.1 我国水生蔬菜产业合作契约实施效果 ………………………… 71

   4.2 水生蔬菜产业合作契约不稳定的原因 ………………………… 76

   4.3 本章小结 ………………………………………………………… 79

5 水生蔬菜产业合作契约选择机理研究 ……………………………… 81

　5.1 交易特征、关系特征与合作契约的选择 ………………………… 81

　5.2 研究假说 ……………………………………………………………… 83

　5.3 案例研究 ……………………………………………………………… 88

　5.4 本章小结 ……………………………………………………………… 96

6 农户特征与合作契约形式选择的实证研究 …………………………… 98

　6.1 水生蔬菜产业合作契约的选择意愿与实际参与率 ……………… 99

　6.2 不同合作契约形式下农户特征比较 ……………………………… 100

　6.3 研究假说 ……………………………………………………………… 102

　6.4 研究方法与数据来源 ……………………………………………… 104

　6.5 模型估计结果分析 ………………………………………………… 107

　6.6 本章小结 ……………………………………………………………… 113

7 农户专用性投资、社交网络使用与合作契约稳定性 ……………… 115

　7.1 合作契约稳定性的影响因素 ……………………………………… 115

　7.2 研究假说 ……………………………………………………………… 116

　7.3 模型构建 ……………………………………………………………… 118

　7.4 数据来源、变量选择及统计性描述 ……………………………… 119

　7.5 模型估计结果分析 ………………………………………………… 123

　7.6 水生蔬菜产业合作契约稳定机制分析 …………………………… 133

　7.7 本章小结 ……………………………………………………………… 141

8 研究结论与启示 ………………………………………………………… 142

　8.1 结论 …………………………………………………………………… 142

　8.2 启示 …………………………………………………………………… 146

参考文献 ……………………………………………………………………… 149

附录 …………………………………………………………………………… 164

1 引言

1.1 问题的提出

1.1.1 研究背景

随着人均收入水平的提高，我国消费者对食品的需求发生了显著的改变，消费者期望食品在物理属性方面具有高品质，在化学属性方面具有更多膳食纤维，更多营养成分，更安全。消费者对高质量农产品、个性化农产品、初加工的便捷食品、深加工的营养食品的需求与日俱增。水生蔬菜作为我国区域性特色明显的优势农产品，因其特色鲜明、产业链条长、附加值高、多功能性强，产业规模快速增长，形成了长江流域、珠江流域、黄河流域的水生蔬菜产业带。水生蔬菜消费市场也不断扩大，形成了区域生产与全国消费的格局。在保障"菜篮子"产品有效供给、农业提效、农村一二三产业融合发展、支撑县域经济、增加农民就业方面发挥了重要作用。水生蔬菜的生理特性决定了其容易形成绿色、有机的个性化、高端产品，但产业规模的扩大并未实现产品结构和产品质量的有效提升。水生蔬菜仍以小农户分散生产为主，面临"小农户"与"大市场"的矛盾，2018 年莲藕价格大幅下跌暴露了水生蔬菜市场的信息不对称、信息不完全造成的市场失灵。如何加强初级生产者、制造商、加工商与零售商之间合作变得尤为重要（Schieman，2007）。

为解决供需失衡的矛盾以及"小农户"与"大市场"的矛盾，各级政府鼓励农业龙头企业、合作社、经销商①与农户建立多元化的合作契约。通过加强农户、合作社、加工企业、经销商等主体的合作，希望达到降低风险，提高交易效率，降低交易成本，保障产品质量与安全的目标。但是农业产业合作契约仍普遍以隐性契约为主，违约率高、稳定性差，制约了产业链的扩展和价值链的提升，成为农业产业转型升级的瓶颈。水生蔬菜产业合作契约也不例外，农户参与订单合约率仅为 22.68%，参与土地或资金入股的仅为 9.92%。74.76% 的农户表示当价格升高时会违约出售产品。由此引发的思考是：为什么农业合作契约以隐性契约为主？如何促使产业合作契约有效实施，提高合作契约稳定性，这是我国农业转型升级需要回答的现实问题。

国内外学术界对合作契约的选择及稳定性问题进行了大量的研究，这是治理机制研究的基本内容。研究产业合作契约就是研究交易的制度安排，产业合作契约的选择就是研究特定交易为什么选择了某种产业合作契约，该契约是否有效，即事前治理的问题。研究产业合作契约的稳定性就是研究在特定产业合作契约形式下双方合作关系怎样更有效，即事后治理的问题。围绕合作契约选择问题，学者对农户参与合作契约以及履约行为的影响因素做了大量研究，在"交易属性—交易成本—合作契约选择"的理论框架下，研究了市场风险、交易成本、交易属性、风险偏好、个体特征等因素对合作契约选择或者产业组织模式的影响。在合作契约稳定性方面，学者从违约成本与履约收益角度研究了农户违约的影响因素和履约的影响因素；从个体内在因素角度，研究了农户的个体特征、风险偏好、时间偏好、感知价值对其履约的影响；从社会理论角度研究了信任关系、社会资本对农户履约行为的影响。

对大量文献的梳理发现，交易属性对合作契约选择的实证研究出现了不同的结果②，在理论上有进一步扩展的空间。关系治理能够有效提高合作契约稳定性，但如何建立信任关系、提高社会资本这些问题尚需进一步研究。以往学者的研究存在进一步深入的可能。第一，学者关于风险性对契约选择的实证检验结果出现了分歧。农户对合作契约的选择可能存在异质性未被考虑。第二，公司对合作契约的选择行为机制是怎样的？除了交易特性以外，还有产品技术经济特征、

---

① 下文将龙头企业、合作社、批发市场、经销商等统称公司。

② 苟茜和邓小翔（2019）以广东省 325 家合作社进行调查，实证结果表明专用性与合约的一体化呈正相关，合作社专用性投资水平越高，越倾向与农户签订一体化程度高的合约；规模性与合约的一体化呈负相关，风险性与合约的一体化呈负相关。丁存振和肖海峰（2019）对我国 6 个省份的肉羊产业养殖户进行调研，实证结果显示：随着资产专用性、不确定性、交易频率的提高，养殖户将由市场交易向横向合作、纵向协作模式转变。

市场结构等因素的影响。这些因素未被纳入同一框架下考虑。第三，在研究合作契约选择时，学者更多的是对某一类经营主体的行为进行研究，很少就某一产业的各类合作契约选择进行较为系统的研究，对于水生蔬菜这类近些年呈现巨大发展潜能的产业的研究更少。

针对学术界对以上问题的研究不足，本书在网络技术、社交网络广泛应用的背景下，重新审视合作契约选择和稳定性问题。对水生蔬菜产业发展特征、合作契约类型进行系统的梳理和总结，从历史演化的角度分析水生蔬菜产业合作契约的发展进程以及演化动力机制。探究不同农户特征与产业合作契约的匹配问题；公司在不同交易特征、关系特征、产品特征条件下选择何种产业合作契约形式。在总结匹配条件的基础上，为不同产业合作契约的推广提供参考。为保证契约的有效性，从事后治理角度研究提升契约稳定性的影响因素，总结哪些做法可以有效提升契约的稳定性。为解决我国蔬菜供需结构失衡、"小农户"与"大市场"的矛盾提供依据，为促进我国农业转型升级、高质量发展提供理论支撑和实践参考。

1.1.2 研究目标

本书研究的目标是：

第一，明确水生蔬菜产业合作契约的发展现状、类型及各类产业合作契约的有效性。剖析影响各类契约有效实施的影响因素。

第二，明晰产业合作契约选择的机制。在治理理论基础上构建产业合作契约选择的理论模型和分析框架，探究公司选择产业合作契约的行为机制。剖析农户个体特征对合作契约选择的影响。解释显性契约难以有效实施的原因。

第三，探究产业合作契约的稳定机制。针对当下水生蔬菜产业合作契约以隐性契约为主的基本现实，正式治理难以有效实施，回答如何使用关系治理提高产业合作契约的稳定性问题。

1.1.3 研究意义

1.1.3.1 理论意义

在理论层面，解释公司在高专用性投资情况下仍采用隐性契约的原因。将产品特征、交易属性、关系属性多重因素纳入统一的分析框架，从公司角度研究产业合作契约选择机制，增强了治理理论对现实的解释力。

1.1.3.2 实践意义

在实践层面，水生蔬菜产业为合作契约的研究提供了丰富的资料，可以深入研究不同契约形式的适用性和有效性，有利于理论和实证研究。对产业合作契约选择机制和稳定机制进行研究，有助于解决合作契约形式与交易属性不匹配引发的机会主义行为，提高交易效率，降低交易成本。从社会网络、信任关系角度提高产业合作契约稳定性，改善信息不对称，避免经营主体因担心不确定性导致投资受损而长期经营低质量产品，促进水生蔬菜产业的高质量发展。

对现实问题进行实证研究和规范研究，对水生蔬菜产业中加工企业、经销商、合作社、农户的经营提供可借鉴的案例和理论支撑。研究所回答的问题对政策制定具有参考价值，例如，什么样的农户适合参与何种类型的产业合作契约？如何促进农户参与订单合约、股份合作？公司在什么情况下选择显性契约？对这些问题的认识，关系到政府对水生蔬菜市场建设、对公司和农户的政策。因此本书对政策制定具有参考意义。

1.2 国内外研究现状

1.2.1 水生蔬菜产业发展相关研究

水生蔬菜作为丰富"菜篮子"、增加膳食纤维供给、满足消费者多元化需求的重要蔬菜品类，产业规模发展迅速。目前学者针对湖北、江苏、浙江、广西、湖南、四川、安徽、江西、福建、广东等主产区的水生蔬菜发展现状和存在问题进行了广泛研究（刘独臣等，2010；邱艳，2012；俞飞飞等，2019；郭凤领等，2020）。研究表明水生蔬菜品种多样、栽培模式多样，形成了一批具有影响力的水生蔬菜品牌，贮藏和加工业蓬勃发展，加工食品种类繁多，包括藕粉、莲子、泡藕带、荷叶茶、莲子汁、马蹄爽饮料等，但缺乏深加工技术（何建军等，2011；严守雷等，2016）。科技研发不足，农户与新型经营主体之间没有形成紧密的利益联结机制。龙头企业带动力不足等问题突出，针对水生蔬菜产业存在供给增长过快、产品单一、全产业链技术支撑不足、生产管理粗放、组织化程度低、生产成本高等问题。吴曼等（2019）、宗义湘等（2018）提出加强政策扶持、建设产业集群、加大科研投入、培育品牌、三产融合的发展思路。

1.2.2 产业合作契约选择的影响因素研究

国内外学术界对合作契约的选择及稳定性问题进行了大量研究，这是治理机制研究的基本内容。研究产业合作契约就是研究交易的制度安排，产业合作契约的选择就是研究特定交易为什么选择了某种产业合作契约，该契约是否有效，即事前治理的问题。研究产业合作契约的稳定性就是研究在特定的产业合作契约形式下双方合作关系怎样更有效，即事后治理的问题。围绕合作契约选择问题，学者对农户参与合作契约以及履约行为的影响因素做了大量研究，在"交易特性—交易成本—合作契约选择"的理论框架下，研究了市场风险、交易成本、交易属性、风险偏好、个体特征等因素对合作契约选择或者产业组织模式的影响。相关研究梳理如下：

1.2.2.1 交易特性对合作契约选择的影响

学术界认同交易特性是影响契约选择的最主要的因素。交易特性不同导致交易成本不同，不同交易成本匹配相应的治理结构和契约关系。治理结构包括市场治理、三方治理、混合治理、科层治理。Hobbs（1997）、Boger（2001）研究证实信息成本、谈判理论、监督成本对农户选择批发市场交易具有正向影响。自Hobbs 于 1995 年第一次测量了交易成本后，国内学者陆续实证检验了交易成本对契约选择的影响。屈小博和霍学喜（2007）、黄祖辉等（2008）、应瑞瑶和王瑜（2009）分析信息成本、谈判成本、执行成本等因素对农户参与市场交易、订单合约、生产合同等不同协作模式的影响，三类交易成本对协作模式选择均具有显著影响，对规模农户与小农户的影响存在差异。何郑涛和彭珏（2015）对家庭农场合作契约的选择机理进行规范性研究，并分别从交易成本、利益分配机制、风险偏好和环境相容等方面对家庭农场合作契约模式的选择进行理论分析，但没有得出一个整体的框架。姚文（2011）利用农户鲜茶交易数据分析不同规模农户鲜茶交易中对市场交易、销售合同、生产合同等协作模式选择意愿，实证结果显示降低交易成本和交易风险是农户选择协作模式的主要影响因素。不同产业、不同学者对交易成本的测量不尽相同，总体来说交易成本的度量比较困难，这对研究的可比性带来了障碍。

交易特性—合作契约选择。学者研究了交易特性对公司与农户的契约关系、合作社与农户的契约关系的影响进行了研究。刘洁和祁春节（2009）运用交易成本理论对公司与农户契约关系的选择构建模型并量化分析，构建了"交易环境—交易主客体特征—交易双方权利安排"的分析框架，将产品经济特性、企业与农户的关系特征等因素纳入框架中来，但并未检验其理论框架。苟茜等（2018）基于交易成本经济学理论，对专用性投资、交易成本和农户与合作社合约选择进行规范性分析。结果显示，农户和合作社均进行专用性投资，形成"双向锁定"

交易成本降低幅度最大。在交易量不变的情况下，高水平的专用性投资应匹配交易成本内生化程度高的合约。即交易量不变的情况下，随着专用性投资水平的提高，合约形式由产品合约向受监管的产品合约、要素合约、一体化合约转变，相应交易成本才能降低。进一步地，苟茜等（2019）在交易成本理论基础上，以广东省 325 家合作社进行调查，研究资产专用性、风险性和规模性对合作社与农户间合约选择的影响。考虑农业生产的特性，书中用风险性代替不确定性，用规模性代替交易频率。将合约类型分为产品合约、监管产品合约、要素合约和一体化合约。实证结果表明，风险性与合约的一体化呈负相关，在市场风险、生产风险大的情况下，合作社不愿意与农户签订一体化程度高的合约；专用性与合约的一体化呈正相关，合作社专用性投资水平越高，越倾向与农户签订一体化程度高的合约；规模性与合约的一体化呈负相关，合作社带动农户数量多、入社面积大时，合作社越不倾向与农户签订一体化程度高的合约。丁存振和肖海峰（2019）基于交易成本理论，对我国 6 个省份的肉羊产业养殖户进行调研，理论推演并实证分析得出随资产专用性、不确定性、交易频率的提升，养殖户将由市场交易向横向合作、纵向协作模式转变。部分学者通过实证检验了随着市场价格风险、生产风险等因素上升，将促进农户选择纵向一体化模式（丁存振和肖海峰，2019；涂洪波和鄢康，2018）。部分学者得出了相反的结论：风险性与纵向一体化呈负相关，风险性越高，关系治理程度越高（苟茜和邓小翔等，2019；胡新艳，2013）。学者关于风险性对契约选择的实证检验结果出现了分歧。农户对合作契约的选择可能存在异质性未被考虑，出现了相反的结论。

在威廉姆森范式基础上，学者发展了新的匹配逻辑。何一鸣等（2019）建立交易特性、行为能力与契约形式的匹配逻辑。将资产专用性、风险性、规模性与三种行为能力和三种契约形式匹配，形成匹配逻辑矩阵。利用 2795 个家庭农户的调查数据，研究交易特性、组织行为能力与契约形式的匹配问题。书中将契约形式分为工资契约、分成契约和定租契约。匹配逻辑是：当资产专用性、风险性和规模性比较强、产权行为能力比较弱时，此时交易成本比较高，需要匹配定租契约；当资产专用性、风险性和规模性比较弱，产权行为能力比较高时，交易成本比较高，应匹配工资契约；其他情况匹配分成契约。

1.2.2.2 产品技术经济特征对合作契约选择的影响

供应链管理研究了产品技术经济特征与契约选择的关系。Mahoney（1992）在对经济学和管理学文献的回顾中指出，供应链中企业之间的合作动机甚至超越了 TCE 和 PRT。他将这些推动力分为四类：①交易成本。②战略考虑。③产出/

投入价格优势。④成本和/或价格的不确定性。同样，Bello 等（1997）指出，为了解释业务交互，需要考虑交易成本、生产成本和战略。这一观点也得到了 Cox（2004）的支持，公司关于合作安排的决策可以由权力考虑和社会责任来驱动，而不仅是成本最小化或利润最大化。对于农业食品部门，Young 和 Hobbs（2002）确定了一组推动垂直整合的力量，包括交易特征和成本；产品特性及其与交易特性的关系；技术、监管和社会经济因素。因此，除了 TCE 和 PRT 中确定的决定因素外，在讨论可能影响某种契约选择的潜在因素时，还需要考虑产品特性、市场结构（外部选择）等与产品有关的技术经济因素以及与企业家才能有关的教育背景、战略谋划等因素。

威廉姆森（2016）的研究主要考虑交易特征如何影响治理结构，什么因素影响交易特征并没有提及。Jaffe 和 Morton（2005）研究指出决定交易特征的因素是产品独特的技术经济特征，包括威廉姆森的资产专用性，实际上资产专用性取决于产品的加工性、运输、存储、质量特征；价格、需求量的不确定性会随社会经济环境、产品易腐蚀性、季节性、市场结构等因素变化。

1.2.2.3 农户特征及风险偏好对合作契约选择的影响

在契约选择问题研究中，学者主要应用威廉姆森交易成本理论，也有部分学者在交易成本理论基础上加入行为理论、效用理论等，进行多学科的交叉融合。除交易特性以外，学者还关注了农户的家庭特征、个人特征、社会关系特征、地区特征、风险偏好等因素的影响。Key 和 William（2003）、Simmons 等（2005）、Louw 等（2008）、Miyata 等（2009）研究了农户决策者及家庭特征、生产经营特征、外部环境特征等因素对农户参与订单合约行为的影响，以上学者均使用二元 Logit 或者 Probit 模型。田露和张越杰（2010）对肉牛产业养殖户进行了调查研究，实证结果表明，饲养规模、决策者年龄、从业年限、技术获取途径、所属地区特征等因素对肉牛产业养殖户产业组织模式选择具有显著影响。宋瑛（2014）分析了农户参与农业产业化经营组织的影响因素，证实交易主体特征、产品特征、地理环境和政策环境等因素对农户参与农业产业化经营组织的影响。实证结果显示兼业农户参与合作组织的可能性较大；农业收入占比越高，农户越倾向参与企业带动性组织、专业市场带动下组织、合作组织带动型。土地经营规模越大，农户越倾向参与产业化经营组织。

学者基于计划行为理论和交易成本理论，分析了农户的行为态度、主观规范、感知行为控制和交易成本是影响农户参与订单合约行为的主要因素（侯晶和侯博，2018）。在研究消费者行为时学者经常使用效用理论，学者将效用理论引入农户契约行为偏好。Kachova 和 Miranda（2004）认为，农户禀赋不同契约选择行为也不一致，因此 Kachova 使用两阶段模型来研究农户签约行为、不同交易特征的交易行为与农户特征变量的关系。近年来，国内学者注意到农户的选择行为具有异质性。朋文欢和黄祖辉（2017）研究农户选择偏好对农户签约或违约行为的影响。该研究不再将农户看作一个整体，注意到不同农户的行为具有异质性。基于选择实验法揭示出农户特征变量对其行为的作用机制。朋文欢和黄祖辉使用果农数据，实证结果显示出农户签订契约行为具有异质性，基础设施条件、果农风险偏好及家庭劳动力禀赋的差异是农户偏好异质性的主要来源。韩喜艳等（2020）考察了小农户参与农业全产业链的选择偏好，并分析了其异质性来源。韩喜艳等同样使用了选择实验法。结果表明，小农户参与农业全产业链的选择偏好存在异质性，异质性来源主要有兼业程度、家庭年纯收入、收入在村中所处水平。当农户的专业化程度越高，纯收入越高越偏好参与农业全产业链经营。刘馨月和周力（2020）利用 368 个养殖户的选择实验数据探讨了农户的风险态度异质性对不同契约的偏好。实证结果表明，风险态度异质性在规模户和小农户中表现存在差异。随着风险损失厌恶程度的提高，规模户更倾向参与规避生产风险的契约。小农户更加关注市场风险，更加倾向参与规避市场风险的契约。

1.2.2.4　关系特征对合作契约选择的影响

对契约选择产生影响的关系特征主要包括两个方面：信任关系和相对市场份额。企业间网络，例如，战略联盟、合资企业、财团、合作社等都是由正式治理和关系治理机制来管理。正式的治理机制是指合同、权威和所有权规则（Hansmann，2000；Hu 和 Hendrikse，2009；Zhang 和 Zhou，2013），而关系治理是信任和规范在组织关系中产生作用（Macneil，1983；Zaheer 和 Venkatraman，1995；Thorgren 和 Wincent，2011）。研究表明，正式合同与信任之间存在替代或补充作用（Lui 和 Ngo，2004；Li 和 Xie，2010；Poppo 和 Zenger，2002）。学者研究了信任作用于正式治理机制的机制。Hoffmann（2010）、Ryu（2008）、Mumdziev 和 Windsperger（2013）研究表明，信任是通过节约交易成本增加组织间合作和授权倾向的。浦徐进和岳振兴（2019）构建博弈模型，考察在考虑农户信任时公司与农户选择成本共担契约和收益共享契约的机理。得出以下结论：当收益共享比例比较低时，农户和公司都倾向选择成本共担型契约；当收益共享比例比较高时，农户和公司都倾向选择收益共享型契约。农户的初始信任度越高选择收益共享型契约的可能性越高；农户的信任差异敏感系数越高选择成本共担型契约的可能性越高。

买方与卖方的相对市场份额预示着各自行使外部选择时的收益与成本的高低，理论上相对市场份额应与契约形式相匹配，但相关研究仍甚少。董晓波（2015）对资产专用性、市场结构与合约选择进行了规范性分析。董晓波提出资产专用性不一定引起机会主义行为，资产专用性与市场结构特征共同决定合约选择及其有效性。企业在市场上交易对象非常多的时候，企业进行专用性投资也不一定产生机会主义行为。因为企业转换成本非常低，能够轻松地转换交易对象。这也解释了部分学者在研究资产专用性与纵向一体化关系时会出现不显著的结果，资产专用性对合作契约的影响需要一定的前提条件，但实证中忽视了。

1.2.3 产业合作契约稳定性的研究

农业产业合作契约的作用：一是联结农户与市场，二是降低风险。农业产业合作契约的稳定性是解决农业转型升级、促进农产品质量安全的前提和保障。由于产业内各主体间合作契约的动机是增加合作剩余，因而产业合作契约形成和稳定的根本在于利益驱使和利益分配的合理性、公平性。当合作剩余没有显著增加，或者不符合利益分配的心理预期时，合作契约将难以履行。在既定的合作契约形式下，通过关系治理可以降低交易成本，促进声誉机制发挥作用，提升合作契约稳定性。

在合作契约稳定性方面，学者从违约成本与履约收益角度研究了农户违约的影响因素和履约的影响因素；从个体内在因素角度研究了农户的个体特征、风险偏好、时间偏好、感知价值对其履约的影响；从社会理论角度研究了信任关系、社会资本对农户履约行为的影响。相关研究梳理如下：

1.2.3.1 产业合作契约弱稳定性的成因

第一，风险性。订单合约违约率在80%左右（孙兰生，2006；刘凤芹，2003）。对违约事件进行调查，发现企业违约占70%，农户违约占30%（贾伟强，2007）。农产品交易违约率高的根本原因在于农产品交易不确定性高（张春勋，2010）。农业风险是导致农户与公司的交易不稳定的原因之一。经营农业的风险种类多，生产经营者面临气候变化、病虫害多发等自然风险；价格波动、渠道不畅等市场风险；环境的不确定性越大，越容易引发交易双方行为的不确定性，造成契约稳定性不足（胡丹婷，2008）。当市场价格高于契约价格一定水平，农户在外部关系获得的收益高于履约收益时，农户会选择违约（赵西亮等，2005）。赵晓飞和李崇光（2007）实证检验了农产品价格波动、信息不对称程度等因素对渠道稳定性的显著影响。张玲等（2015）利用博弈分析"公司+农户"

关系契约稳定机制，通过博弈分析得出当合约价格远高于市场价格时，公司"敲竹杠"行为发生的可能性增加，养殖户的履约率下降；当合约价格远低于市场价格时，公司履约率下降。然而部分学者指出正是由于农业生产、经营的风险性，才需要合作契约来控制风险。风险不是契约不稳定的原因，是形成契约的重要动机（张春勋，2010）。第二，契约的不完全性。交易双方无法预估所有可能发生的事项的解决方案，因此契约是不完全的，就暗含了合约纠纷或违约契机。刘凤芹（2003）使用不完全合约理论分析了我国农产品交易履约率低的内在原因，主要是合约的不完全性。农业生产是人类劳动对自然再生产过程的干预，干预是否有效不仅取决于人类对农业生产规律的认知程度和干预手段的先进性，还取决于社会经济条件。农业生产具有高度不确定性，这也在一定程度上决定了合作契约的不完全性（俞雅乖，2008）。农户分散生产导致农产品生产过程难以监督管理，农产品交易容易发生隐性违约，公司以质量不符等理由压价，农户以隐瞒产量等手段减少交易量，公司监督农户生产信息需要较高的监督成本，因此公司对农户的产量、质量的监管非常困难（徐健等，2010）。第三，权力结构不对等。张闯和夏春玉（2005）指出，我国农产品流通渠道稳定性差是我国农产品流通渠道中权力结构过度失衡导致的。农户与公司的市场地位悬殊，农户处于弱势地位，社会资源相对少，获取市场信息的能力弱，龙头企业掌握话语权。农产品渠道稳定性取决于利益驱动和分配（赵晓飞和李崇光，2007）。权力结构不对等决定了利益分配的公平性，公平缺失导致合作关系破裂。第四，交易属性与合作契约形式不匹配（胡丹婷，2008）。市场交易适合不涉及专用资产的交易，双方不存在互相依赖，也无须考虑其交易关系的稳定性。订单合约和股权合作适用于涉及专用资产的交易，双方存在相互依赖性。当一方或双方的专用性投资相对低时，受机会主义行为的影响订单合约、股份合作等合作契约难以实施。

1.2.3.2 产业合作契约稳定性提升的研究

（1）合作剩余增加是产业合作契约稳定的前提。

研究表明，合作契约能够稳定的前提是合作剩余是增加的，否则会引起履约困难。MacDonald 等（2004）、Key 和 McBride（2003）研究表明，订单合约有利于解决发展中国家小农生产在资金、技术、信息和产品销售等方面的问题，降低了农户进入市场的风险，对节约交易成本、降低生产成本、提高生产效率等方面具有积极作用。Patrick（2004）研究印度尼西亚的订单农业发现，稳定的订单合约能够使企业获得稳定的原料来源，降低企业的交易成本。农户通过与企业建立稳定的契约联系，可以获得农产品销售的保障，还可以获得市场、技术、经营管理、资金等方面的支持，同时企业获得高品质、稳定的原料供应，实现双赢。

（2）双边专用性投资，双向锁定。

周立群和曹利群（2002）指出，提升公司和农户间契约稳定性的有效途径是进行专用性投资。尹云松等（2003）对5家农业公司进行对比研究，发现公司专用性投资水平越高，公司越倾向于履约。在资产专用性各个维度中，产品专用性对公司履约行为的影响最明显。此外，在产品专用性较弱的情况下，公司与规模农户的商品契约的稳定性较好，与小农户的商品契约稳定性较差。

多位学者研究表明，专用性投资水平越高，农业产业化中的契约稳定性越强（周立群和曹利群，2002；尹云松等，2003；孟枫平和尹云松，2004；俞雅乖，2008）。但也有学者认为专用性投资可能产生"被套牢"问题，对方违约的概率增加。在"公司+农户"合约中，农户增加专用性投资后可能被企业"敲竹杠"（刘凤芹，2009；范其学，2007；赵西亮等，2005；刘馨月和周力，2019）。农户进行专用性投资后是否引发"被套牢"问题，主要取决于市场结构。如果买方数量足够多，则不会产生"被套牢"问题；如果处于买方垄断的情况下，则会产生"被套牢"问题（Vukian和Leegomonchai，2006）。进一步地，刘馨月和周力（2019）研究了农户专用性投资引发"反套牢"发生的机制，认为专用性投资"反套牢"发生的关键因素是外部选择的增加。

（3）信任关系。

信任是龙头企业与农户间合作的必要条件（赵泉民和李怡，2007）。陈伟（2011）认为，交易双方信任关系与合作关系的稳定性呈正相关。如果双方缺乏信任，那么合作很难持续。Fernández-Olmos（2011）调查了葡萄酒市场中农户与公司间的口头合同和书面合同时，发现当信任关系很高时，治理水平没有随着资产专用性的提升而提高。基于交易成本理论和社会学交换视角建立研究模型，检测信任与资产专用性的交互效应。结果显示：在缺乏信任的情况下，较高的资产专用性选择正式合同的可能性更高。在村中信任关系的情况下，正式合同的选择与资产无关。张闯和徐佳（2016）认为，收购商和农户进行专用性投资可增强彼此的信任关系，信任关系越高双方履约、续约的意愿越强。赵晓峰（2018）以两个镇22个行政村、43个自然村为案例研究合作社内部信任的构建。研究结果表明：关键群体如权威人士，在构建合作社与农户间的信任时具有决定性作用。通过利益—关系网络，让普通农户在重复博弈过程中建立起对合作社的信任。

（4）社会嵌入。

经济行为受社会环境、社会网络、文化、政治等因素的影响，学者从社会嵌入角度研究产业模式、合约等问题的稳定性。鉴于中国乡村的社会的格局和特征，公司与农户间契约关系的约束主要依靠关系治理手段，正式制度、正式治理是不适用的（Machnil，1982；万俊毅和欧晓明，2011）。社会资本包括各种规范和社会关系，他们能够调整人的行为从而达到目标。将社会资本嵌入社会结构中并获得投资回报的过程就是关系治理（钱海梅，2009；万俊毅等，2009）。万俊毅和欧晓明（2011）基于东进公司与周边农户的合约作为案例，研究社会嵌入、差序治理与合约稳定性的关系。由于不同农户与公司博弈均衡不同，所有公司与不同农户采取了不同的合作方式，在我国可以看到同一家公司与不同农户签订差异化的合约。当差异化的合约嵌入宗族权威、村委权威、家长权威、关爱与心理契约时，合约的稳定性大大提高。曹艳爱（2013）在研究"公司+农户"模式的稳定性时从社会嵌入理论角度进行了分析，曹艳爱指出社会文化因素、农户人际关系因素对契约稳定性具有重大影响。吴平肖和谈存峰（2020）对农民经纪人的社会关系网进行研究，从市场信息嵌入、信任嵌入、情面嵌入、合作与竞争嵌入四个方面分析农民经纪人如何实现上联市场、下接农户的。吴本健等（2017）按照产业链主体间关系的紧密程度将农业产业化模式进行了划分，将其看作一个连续的谱系，比较了"商品契约""嵌入合作契约""要素契约"的初始投资效率和农户福利差异，发现嵌入合作契约的农业产业化模式在初始投资效率和改善农户福利方面对商品契约和要素契约实现了帕累托改进。

（5）重复博弈与信息充分性。

重复博弈。赵西亮等（2005）在研究农业产业化经营中商品契约稳定性时指出，声誉机制发生作用的决定性因素之一是重复博弈。只有在重复交易中，才能建立基于知识的信任关系。另外在重复交易中当期交易的履约情况会影响未来交易的收益，并积累声誉资本。双方会担心违约行为在下期交易中受到惩罚，造成收益损失，并丧失声誉资本。

信息的充分性。赵西亮等（2005）认为，增加信息充分性可提升契约稳定性。即使在一次性博弈的情况下，信息充分会使参与人注重自己的信誉，因为履约情况会影响自己的声誉，从而影响未来与其他参与者的交易。张闯和徐佳（2016）、夏春玉等（2009）、张闯等（2009）研究发现，当政府为农户提供市场行情信息时，能够增强农户的履约、续约意愿，增强契约的稳定性。

1.2.4 文献评述

对大量文献进行梳理发现，交易属性对合作契约选择的实证研究会出现不同的结果，在理论上有进一步扩展的空间。关系治理能够有效提高合作契约稳定性，但如何建立信任关系、提高社会资本这些问题尚需进一步研究。以往学者的研究存在进一步深入的可能。第一，学者关于风险性对契约选择的实证检验结果出现了分歧。农户对合作契约的选择可能存在异质性未被考虑的情况。第二，公司对合作契约的选择行为机制是怎样的？除了交易特性以外，还有产品技术经济特征、市场结构等因素的影响。这些因素未被纳入同一框架下考虑。第三，在研究合作契约选择时，学者更多的是对某一类经营主体的行为进行研究，很少就某一产业的各类合作契约选择进行较为系统的研究。对于水生蔬菜这类近些年呈现巨大发展潜能的产业的研究更少。

1.2.4.1 水生蔬菜产业合作契约的研究仍是空白

我国水生蔬菜产业快速发展，形成了一批特色优势产区，培育了一批知名品牌，水生蔬菜产业发展潜力大，但产业化水平仍偏低，以农户分散生产为主，生产方式粗放，产品质量难以保障，农户与企业联结不紧密，造成流通渠道不顺畅。水生蔬菜可加工产品品类多，加工前景广阔，但是水生蔬菜采后保鲜技术薄弱、深加工技术研发滞后，抗市场风险能力弱。鲜活产品加工波动大，加工品需求持续增长。水生蔬菜产业在供给侧结构性改革背景下发展潜力巨大，为更好地满足消费市场需求，提升水生蔬菜产业化水平，促进产业向高质量发展，迫切需要解决经营主体间联结松散、产销不紧密的问题。

1.2.4.2 缺乏不同合作契约间的比较研究

学者研究了商品契约与要素契约的选择、正式合约与口头合约的选择、不同纵向协作模式间的选择以及分成契约与分租契约、工资契约的选择；学者主要关注了不同显性契约间的选择和匹配问题。公司和农户放弃市场的灵活性，选择显性契约的临界条件尚未明确。这是带动农户进入大市场的关键性问题。此外目前中国农产品市场上农户与公司间主要是市场交易、关系契约（关系治理）、订单合约（正式治理）。隐性契约为什么大量存在？在隐性契约大量存在的现实情况下，如何提升农产品关系契约稳定性？

1.2.4.3 交易特性对合作契约选择的解释失灵，需要进一步深化

学者从理论、实证角度研究了交易成本、交易特性对契约选择的影响，结论基本一致，其中从资产专用性角度的研究最多。但是风险性对契约选择的影响出现了相反的结论，资产专用性对契约影响的解释出现了失灵的情况。说明资产专用性、风险性对契约选择的作用存在一些关键的中间变量尚未明确，需要进一步明晰。不同农户的选择偏好不同，近年来，少部分学者关注了农户选择偏好的异

质性来源。但分产业调研分析的结果更具说服力。

1.2.4.4　数字化应用对契约稳定的影响机制需要深入研究

合作契约的持久稳定性对我国农业高质量发展、带动农户增收具有重要作用。学术界结合交易成本理论、不完全合约理论、社会学理论，从专用性投资、信任关系、重复博弈、社会嵌入、信息充分性等不同角度分析了提升合作契约稳定性的途径。学术界对信任关系在契约稳定性中的积极作用达成共识。但是如何建立信任关系的实证研究很少，如何构建信任关系提高契约稳定性的路径尚未清晰。自 2020 年以来，我国社会经济形势发生了巨大变化，行业整合加速，网络经济飞速发展。在新的时代背景下，信息流通速度加快，公司与农户间建立稳定契约的必要条件是否发生了变化？

本书建立"交易特性—关系特征—合作契约匹配"的理论框架，考察关系特征与交易特征间的交互作用。信任关系是影响合作契约稳定性的重要因素。建立专用性投资、网络资源、信任关系与契约稳定性的研究框架，尝试构建信任关系路径以提升契约稳定性。

1.3　研究内容、思路与方法

1.3.1　研究内容

为达到本书的研究目标，本书的主要内容如下：

第一，在梳理我国水生蔬菜产业发展情况的基础上，揭示我国水生蔬菜产业合作契约的演化进程，分析我国水生蔬菜产业合作契约的现状。对我国水生蔬菜产业合作契约进行定义和分类，分析不同合作契约运行特征及实施效果。

第二，从公司角度分析合作契约形式选择的行为机制。构建资产专用性、不确定性、关系特征与合作契约选择的理论框架，通过数理模型与案例分析，探讨资产专用性与不确定性，资产专用性与关系特征如何共同作用影响公司合作契约选择行为。

第三，从农户角度分析不同特征的农户与参与合作契约形式的关系。基于农户调研数据，使用 MNL 模型实证探讨农户特征与合作契约形式选择的关系。分析不同生产规模、不同兼业程度、不同风险偏好、不同守信意识的农户参与了何种形式的合作契约。总结参与显性契约的农户特征。

第四，基于农户调研数据，通过构建结构方程分析提升合作契约稳定性的路径。从关系治理角度构建农户专用性投资、社交网络与合作契约稳定性的研究框架，使用结构方程进行量化分析。

第五，通过上述研究，解析水生蔬菜产业合作契约选择及其实施中存在的问题，为提升合作契约稳定性提出针对性建议，为不同产品特征、交易特征、关系特征的合作契约形式推广提供参考。

研究的产业及所涉及的主体包括以下内容：水生蔬菜（Aquatic Vegetable）是指在淡水中生长、其产品可供食用的维管束植物。目前世界上公认的水生蔬菜有莲藕（藕莲，Nelumbo Nucifera）、茭白（Zizania Latifolia）、芋头（Colocasia Esculenta）、荸荠（Eleocharis Dulcis）、菱角（Typha Spp）、慈菇（Sagittaria Sagittifolia）、水芹（Oenanthe Decumbens）、蕹菜（Ipoomoea Aquatica）、芡实（Euryale Ferox）、莼菜（Brasenia Schreberi）、蒲菜（Typha App）、豆瓣菜（西洋菜，Nasturtinum Officinale）、蒌蒿（蒌蒿，Artemisia Selengensis）13 类。其中，除了豆瓣菜外，大多数水生蔬菜种类起源于我国，或我国为其起源地之一。按照生长环境水生蔬菜可分为深水和浅水两大类。能适应深水的有莲藕、菱角、莼菜等，作浅水栽培的有茭白、水芹、慈菇、荸荠等。按照产品器官水生蔬菜可以分为根茎类、球茎类、果实类、叶菜类等。根茎类包括莲藕、蒲菜；球茎类包括荸荠、芋头、慈菇；果实类包括芡实、菱角、莲子；叶菜类包括水芹、莼菜、豆瓣菜、蕹菜；茭白属于变态。

①莲藕，又名水芙蓉、荷花、藕等，是莲科莲属多年生宿根性水生草本植物，按期功能分为藕莲、子莲、花莲，全国大部分地区均有分布。在水生蔬菜中，莲藕栽培区域最广，销售量和销售范围最大，也是全国销售量较大的 26 种蔬菜之一，产品几乎覆盖全国。②茭白，又名茭笋、菰笋、茭瓜等，为禾本科多年生宿根性水生草本植物，以其膨大的肉质茎为食用器官，是仅次于莲藕的第二大水生蔬菜。根据采收上市次数分为单季茭和双季茭。③荸荠，又名马蹄、乌芋、地栗等，属莎草科荸荠属多年生浅水草本植物，以地下球茎为食用器官。原产印度和我国南部。荸荠每年冬、春季上市。皮色紫黑，具有抗菌、排毒、防癌等多种功效。④芋头，又名青芋、芋艿、毛芋。产于我国，南北均有栽培，其富含膳食纤维和钾多种营养物质。既可作蔬菜食用，亦可作粮食充饥。球茎富含淀粉、蛋白质、黏液质以及各种维生素和矿物质。⑤菱角，又名水栗子、菱、菱实、水菱角等，为一年生蔓性水生草本植物。历代医家视菱角为养生之果、药膳

佳品。菱角营养价值可与其他坚果媲美。⑥芡实，又名鸡头米，因其形状酷似鸡头而得名，为睡莲科芡实属一年生大型水生草本植物。芡实主要以种仁（通称芡米）供食用，集食用、药用、保健功能于一体。⑦慈菇，又名剪刀草、燕尾草等，以地下匍匐茎先端膨大的球茎为食用器官。产品自秋季开始上市，一直可以留存田间或采收后简易贮藏，直至翌年春季。全国各地市场均有销售，部分出口日本等国。⑧水芹，以茎和叶柄供食，产品主要在冬春季节上市，上市期基本覆盖全年。⑨蒲菜，主要在春夏秋季采收上市，是一种优良的风味保健食品。野生状态的蒲草分布于全国各地。以江苏省的"淮安蒲菜"和云南省的"建水草芽"为代表。⑩莼菜，产品采收期主要在春季和秋季，一般经加工后销售。江浙地区的"西湖莼菜"和"太湖莼菜"产业化开发较好。莼菜润滑鲜美、风味别致，与茭白、鲈鱼一起被誉为"江南三大名菜"。⑪豆瓣菜，是我国所有水生蔬菜中唯一引进的种类，故也称为"西洋菜"。要求在冷凉的环境下栽培，属于冬春特色叶菜。目前国内主要在华南地区有较多栽培，有广州豆瓣菜和百色豆瓣菜2个品种。⑫蕹菜，别称空心菜、通菜蕹、蕹菜、藤藤菜、通菜。我国中部及南部的福建、广西、贵州、江苏、四川、广东等省份常见栽培，北方比较少，宜生长于气候温暖湿润、土壤肥沃多湿的地方，不耐寒。分布遍及热带亚洲、非洲和大洋洲。⑬蒌蒿，主要分布在中国江苏、安徽、湖北、江西和云南等省份，东北、华北地区也有分布，是一种半野生特产蔬菜，以地上嫩茎叶及地下匍匐茎供食。可作酿酒原料，也可作饲料。

公司一般被定义为以营利为目的的企业组织形式。具有以下特征：运用各种生产要素（土地、劳动力、资本、技术和企业家才能等），向市场提供商品或服务，实行自主经营、自负盈亏、独立核算的法人或其他社会经济组织。包括具有法人资格的企业、不具有法人资格的合伙人。

在水生蔬菜产业中以营利为目的，以水生蔬菜生产、销售为主营业务，自负盈亏的经营主体有很多：有限责任公司、股份有限公司、龙头企业、专业大户、合伙人、合作社等。水生蔬菜产业中的有限责任公司一般是多个出资者共同出资成立的，也有一人有限责任公司。有限责任公司的股东以认缴的出资额为限承担"有限责任"。在水生蔬菜产业中有限责任公司多是经营水生蔬菜鲜活产品销售以及相关生产资料销售和服务的。龙头企业一般是以水生蔬菜生产、加工、销售为主要业务，这些龙头企业可能是在产地逐渐发展起来或是农业集团公司在产地设立的分支机构，他们都具有一定资金实力和带动力。一部分龙头企业拥有国有股份，以前是完全国有，后经过股份制改革变为混合所有制。龙头企业有的是有限责任公司，有的是股份有限公司。龙头企业一般是全产业链经营，对水生蔬菜进行加工再销售。注重产前、产中、产后管理，重视产品品质和品牌发展，有相当一部分龙头企业有水生蔬菜鲜活产品和加工品的出口业务。水生蔬菜产业中还有一部分独资企业，也是以营利为目的的企业组织形式。独资企业是一人出资的非法人组织，不具有法人资格。在水生蔬菜行业中有很多从事水生蔬菜生产、简单加工、销售的个体经营者，他们经常被称为"专业大户"，实质上他们不仅具有生产要素，还从事收购业务，向市场提供商品，具有公司的本质特征。还有一部分专业大户本身不进行生产，依托其在市场中的渠道关系从事水生蔬菜销售业务，这类属于销售型专业大户，也具有公司的本质特征。水生蔬菜产业中存在很多专业合作组织。一部分是从事水生蔬菜行业的公司注册的，这类合作社是公司主导型。有的公司领办一家合作社，有的公司领办2~3家合作社。在实践中发现这类合作社与公司并没有本质区别，在与农户签订合同时会在合作社名称后括弧标注公司名称。另外一部分合作社是由多个专业大户共同出资合办，核心社员是出资的大户，吸纳少部分普通社员建立产品购销关系。这类合作社在水生蔬菜经营运行管理上与合伙人同样具有自负盈亏、以营利为目的、以生产销售为业务核心的特征，只是组织形式不同。还有一部分合作社是由政府牵头，如村委会牵头组织整个村的村民入社，合作社统一组织全村水生蔬菜的销售，这类合作社的目的也是以全村人营利为目的，以销售产品为核心业务，在本质上与公司一致。

基于水生蔬菜产业中有限责任公司、股份有限公司、龙头企业、合伙人、独资企业、专业大户、合作社均具有公司在经营目标、经营业务方面的本质特征，因此在本书中公司被定义为：以水生蔬菜生产、销售、加工为业务核心，以营利为目的，实行自主经营、自负盈亏、独立核算的法人或其他社会经济组织。包括有限责任公司、股份有限公司、龙头企业、合伙人、专业大户、合作社。

农户一般被定义为户口在农村的常住户，从事农业生产的人家。这个定义把外来包地的经营者排除在外。水生蔬菜生产不仅是本地农户，还有很多从安徽到湖北、江苏，从浙江到云南等地包地种植水生蔬菜的经营者。无论是否为农村的常住户，这些人都以水生蔬菜生产为主要的经营内容。农户的核心业务是生产。包括规模小的农户，他们在产前、产中、产后都是以家庭成员为核心劳动力。包括一些规模较大的农户，他们的家庭成员主要进行生产资料购买、生产管理和销售，产中环节通过雇用劳动力进行，出现了分工，包括兼业农户和专业农户。有些农户除水生蔬菜生产外还在外打工。有别于公司通常集生产、加工和销售业务于一身，农户都以水生蔬菜生产为主要的经营内容。本书中农户指的是从事水生蔬菜种植、管理的农户，他们从事农业生产并出售自己生产的产品。需要说明的是，既出售自己生产的水生蔬菜，也收购其他农户水生蔬菜的专业大户通常注册了公司或合作社，除种植生产外，还有销售、生产服务等业务，这类具有公司性质的专业大户在本书中属于公司范畴。

1.3.2 研究思路

研究思路如图 1-1 所示。本书以提高水生蔬菜产业合作契约稳定性为目标，拟解决以下关键问题：为什么我国农业产业合作契约难以有效实施？为什么我国农业产业合作契约以隐性契约为主？如何提高我国农业产业合作契约的稳定性？

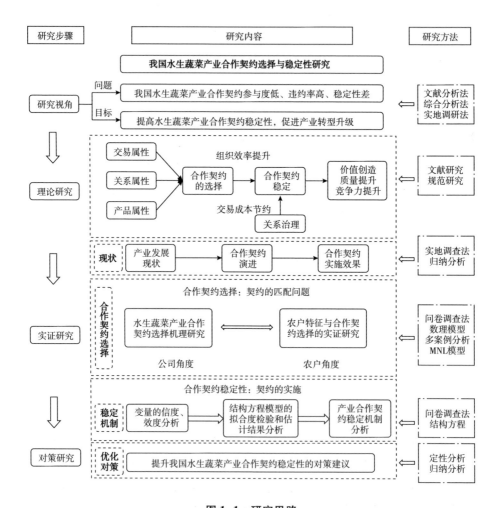

图 1-1 研究思路

国内外学术界对合作契约的选择及稳定性问题进行了大量的研究，这是治理机制研究的基本内容。分别从事前治理和事后治理两个阶段展开研究。在事前，研究交易的制度安排，探究特定交易为什么选择某种产业合作契约，该契约是否有效。在事后，研究在特定的产业合作契约形式下双方合作关系怎样更有效，即合作契约稳定性的问题。

一方面，对水生蔬菜产业发展特征、合作契约类型进行系统的梳理和总结，从历史演化的角度分析水生蔬菜产业合作契约的发展进程以及演化动力机制，发现不同合作契约均存在不稳定的问题，但是订单合约和股份合作能够有效提高产品质量安全。显性契约与水生蔬菜的交易属性不匹配，信息不对称和市场的不确定性引发了买卖双方的机会主义行为，造成了高违约率。另一方面，企业与合作社、农户间选择隐性契约是对不确定性进行适应性的制度安排。因此提高水生蔬菜产业合作契约稳定性的前提是选择合适的契约形式；根本是降低不确定性，优化履约机制。

加工公司、经销商在水生蔬菜产业合作契约选择中占有主导地位，但以公司为主导的产业合作契约选择机制的研究不多。以往研究假定在完全竞争市场中、不确定性无限大情况下，着重考察资产专用性对合作契约选择的影响。但在复杂的水生蔬菜市场中，单纯从资产专用性角度难以解释目前产业合作契约的现状，需要考虑交易属性、关系属性、产品属性等多重因素。本书研究资产专用性、不确定性、交易规模、产品属性、关系属性等因素的影响，明晰水生蔬菜产业合作契约选择机制。通过数理模型和案例分析，得出在公司与农户均进行了专用性投资的情况下，不确定性升高有助于双方建立显性契约关系。在农户专用性投资近乎为零的情况下，不确定性升高农户机会主义行为更加频繁，隐性契约更多。当公司处于垄断地位的情况下，公司即便进行了大量的专用性投资仍会选择市场交易；在市场结构由完全竞争向不完全竞争转变的过程中，合作契约会由市场交易向订单合约、股份合作等显性契约转变。这从公司角度解释了水生蔬菜产业合作契约难以有效实施的原因。

从农户的角度来看，学者对农户参与合作契约以及履约行为的影响因素做了大量研究。研究了市场风险、交易成本、交易属性、风险偏好、个体特征等因素的影响。但是鲜有学者关注农户在市场交易、订单农业、股权合作等不同契约形式间的参与行为。由于农户在水生蔬菜产业合作契约的选择中常处于被动，因此个人内在特征对其行为的影响更大，因此需要从个体内在偏好角度深入探究农户禀赋的异质性对合作契约选择的影响。实证结果显示，随着风险偏好的上升，小农户参与市场交易的概率更大；专业大户参与订单合约、股份合作等显性契约的概率更大。面临同样的市场风险时，小农户的风险损失小，追求每一次交易利润最大化；专业大户风险损失大，追求平均利润最大。这从农户角度解释了水生蔬菜产业合作契约以隐性契约为主的原因。

为保证契约的有效性，本书从事后治理角度研究提升契约稳定性的影响因素。关系治理是正式治理的有效补充，特别是在正式治理难以有效实施的情况下，关系治理能够提高产业合作契约的稳定性。大量研究表明，信任关系、社会资本、专用性投资等因素促进提高合作契约稳定性，但是如何提高信任关系、如何增加社会资本等问题仍需深入。鉴于社交网络在水生蔬菜流通上的应用以及社会资本对合作契约的重要影响。使用结构方程模型探究社会网络、社会嵌入、专用性投资、信任关系如何影响合作契约稳定性，解释如何提高水生蔬菜产业合作契约稳定性的问题。

本书最后对研究结论进行归纳总结并提出对策建议：①水生蔬菜合作契约的演进是在市场竞争、消费需求、技术变革等外部推动力的作用下，水生蔬菜产业经营主体寻求与当下交易属性匹配的治理结构，以提高交易的效率，降低交易成本，在产品升级满足市场变化的同时获得合作收益。②加工公司、经销商等主体在合作契约选择中处于主导地位，农户是被动的。公司选择合作契约的逻辑是在特定交易特征、关系特征和产品特征下选择交易成本最低、风险损失最小的合作契约形式。③同质化的大宗产品难以通过显性契约达到稳定状态，个性化特色产品通过显性契约容易达到稳定状态。④稳定的合作契约能够提高产品质量和产品附加值，促进产业向高质量发展。⑤水生蔬菜合作契约稳定的前提是资源互补和双方谈判地位相当。⑥扩展合作内容、增加专用性投资、充分利用社交网络能够提高水生蔬菜公司与农户合作契约的稳定性。

1.3.3 研究方法

1.3.3.1 交易成本分析法

交易成本分析法突破了传统经济学关于交易是在"无摩擦"的理想环境下进行的，认为任何交易都是有成本的，交易是在市场中进行还是在组织内部进行取决于交易成本和组织成本的相对大小。因此，本书将交易成本理论应用在水生蔬菜产业合作契约选择研究中，通过交易成本与组织成本的比较分析来探究水生蔬菜产业中公司和农户在多种合作契约形式间如何选择。

1.3.3.2 比较经济组织分析法

从比较制度的观点来探究经济组织，对离散结构备择形式进行分析。本书采用比较经济组织分析方法，以交易为基本分析单位，识别水生蔬菜交易的关键维度，包括资产专用性、不确定性、交易量、市场地位等，推演交易属性、关系属性对水生蔬菜交易选择市场交易、订单合同、关系契约、股份合作等不同产业合作契约的影响，并比较不同产业合作契约形式的相对效率。

1.3.3.3 案例分析法

案例研究是进行实证研究的重要方法，交易成本经济学的研究使用案例进行检验分析非常多。本书中也使用案例分析法，一是通过案例分析发现问题。本书对水生蔬菜产业合作契约问题的提出，源于案例调查过程中的发现。二是检验理论。合作契约选择行为不仅是经营主体之间关系的问题，还受制度环境、竞争关系的影响。为发现更多细节问题，提炼理论，本书从走访案例中挑选一部分具有代表性、资料翔实的进行多案例分析。三是通过理论阐述观点、提炼理论。通过多个案例的比较分析，结合实证研究的结果，对水生蔬菜产业合作契约稳定机制进行总结提炼。

1.3.3.4 计量分析方法

计量分析方法是根据有关经济理论建立模型，运用统计学和计量经济学的理论和方法对有关经济变量之间的关系进行定量分析的一系列方法的总称。本书使用计量分析方法研究农户个体特征对合作契约选择的影响以及提升合作契约稳定性的路径，本书调查数据均为截面数据。第6章中农户个体特征包括年龄、受教育情况、种植规模、风险偏好、守信意识等变量既有定量变量也有定性变量，因变量是离散选择，经过检验证实了组间独立无相关，因此，使用MNL模型能够分析个体特征对契约选择的平均边际效应，并计算不同个体特征的农户选择不同合作契约的概率。第7章中信任关系等变量需要使用量表测量，合作契约稳定性所涉及的变量比较多，各变量之间相互影响。结构方程作为多变量统计方法，可以同时处理多个因变量，进行多个因变量和自变量间的内在逻辑分析。该方法克服了一些变量难以测量的障碍，无须大样本量也可进行拟合。结构方程在心理学、社会学、经济学研究中已广泛应用，特别是心理学研究中应用较多。因此第7章采用结构方程的计量方法。

1.3.3.5 实地调查法

本书进行了大量的实地调查，包括现场参观、座谈会、访谈等。访谈对象不仅是水生蔬菜行业经营者，还有水生蔬菜研究人员、政府工作人员。从业者包括种植户、经纪人、合作社管理者、龙头企业负责人等。2018 年 1~12 月主要是到现场参观，到湖北、湖南、江苏、浙江、山东等种植基地、实验田、交易市场参观学习，参加产业交流会议与从业者交流。2019 年 4~5 月重点到湖北、浙江对合作社、龙头企业、经纪人、种植大户进行第一批访谈。2019 年 6~8 月重点到湖北、广西等地对合作社、龙头企业、经纪人、种植大户进行第二批访谈，并收集第一批调查问卷。2019 年 12 月对国家特色蔬菜技术体系 130 个示范基地进行问卷调查。在实地调查的基础上完成《我国水生蔬菜产业发展报告》《我国水生蔬菜产业竞争力报告》《我国莲藕全要素生产率测算》等工作。

1.3.4 创新点

1.3.4.1 在研究内容方面

本书针对同第一产业中的不同经营主体、不同合作契约形式，涵盖多个维度和层次，具有一定的创新性。第一，本书从动态演化和静止状态两个角度研究合作契约的选择问题。从外部环境变化和内部驱动力角度分析合作契约的演化。从动态角度来看，在时间维度上分析了合作契约的演化过程；从静态角度来看，横向比较分析了不同合作契约的运行现状和实施效果。第二，相较以往研究以某一经营主体参与某一合作契约形式的研究，本书在内容方面进行了扩展和深入。第三，在网络社交媒体广泛应用的情况下，分析合作契约稳定性机制。在交易成本理论基础上引入社交网络理论，研究社交网络使用的密度和规模对合作契约稳定性的影响路径。

1.3.4.2 在研究视角方面

第一，尚未有学者以水生蔬菜为研究对象进行理论和实证研究。与其他农产品相比，水生蔬菜更难保鲜，对运输的要求更高，价格波动更为剧烈；但水生蔬菜的增值空间更大，合作契约演化进程更为明显，演化形式更为多元化。第二，以往研究主要聚焦在资产专用性对合作契约形式选择的影响。水生蔬菜具有高不确定性、高产品专用性的特点，高收益和高损失都有可能发生，针对这类高不确定性、高产品专用性的农产品国内相关研究并不多，特别是实证研究更少。因此，本书在威廉姆森（2016）治理成本比较分析基础上，将资产专用性、不确定性、关系特征纳入同一个研究框架中，具有一定的创新性。第三，本书考虑到选择行为的受限性。与以往研究中主要以农户视角为主，研究农户选择行为不同，本书将公司设定为主动选择的一方，将农户设定为被动选择的一方。从公司角度分析公司选择合作契约的行为机制，从农户角度分析农户特征和偏好与合作契约参与的关系。

1.3.4.3 在研究方法方面

使用数理模型、MNL 模型和结构方程进行定量分析。建立资产专用性、环境不确定性、市场地位与治理成本的数理模型，通过案例剖析总结合作契约选择的逻辑，指出不同学者研究结论迥异的原因。

1.4 数据来源与样本情况

1.4.1 数据来源

考虑全国水生蔬菜生产格局、产业集中度、产业影响力、组织形式多用性，本书将湖北、浙江、广西作为重点调研地区。从水生蔬菜生产规模来看，我国水生蔬菜生产面积较大的省份分别有：湖北、江苏、山东、安徽、广西、湖南、江西、福建、浙江、重庆。

湖北是我国水生蔬菜生产第一大省，水生蔬菜种植面积占全国水生蔬菜总面积的 15% 左右。湖北种植的水生蔬菜品类最全，13 种水生蔬菜在湖北都有产业化发展。湖北汉川是全国最大的莲藕种植基地，汉川莲藕产业的发展具有代表性。

江苏、山东、安徽水生蔬菜生产规模全国排名前五，但这 3 个省份以莲藕种植为主，其他水生蔬菜的规模较小，也不集中。种植莲藕的品种、种植技术、采收期、价格等特征与湖北基本一致。

广西水生蔬菜生产面积全国排名第五，主要分布在柳州、覃塘、钟山、荔浦、平乐、贺州。广西是我国最主要的荸荠生产区，荸荠的产业集中度最高，广西荸荠种植面积占全国荸荠总面积的 40% 以上。广西芋头种植面积 8 千公顷左右，在全国排 5~6 位。但是广西芋头的品牌知名度最高、加工量最大、加工出口产品最多元化，聚集着很多加工、出口企业，产品附加值高。此外，广西的覃塘、柳州等地莲藕种植规模很大，广西的双季藕具有很高的知名度，产品增值空间大。

浙江水生蔬菜种植面积排名第九。但浙江是我国茭白生产第一大省。茭白种植面积、产量居全国首位。茭白产量和面积在全国的比重约为 50%。茭白是我国水生蔬菜中产业集中度最高的水生蔬菜，主要分布在丽水（缙云、景宁、庆元等）、台州（黄岩、温岭、临海等）、嘉兴（桐乡、南湖、嘉善等）、宁波（余姚、鄞州等）、绍兴（嵊州、上虞、新昌等）、金华（磐安、婺城等）、杭州（余杭等）、湖州（德清、吴兴等）、温州（文成、乐清等）、衢州（衢江）等地。

本书共进行了三个阶段的调研。

第一阶段：2019 年 4~5 月。笔者分别到湖北汉川、浙江金华、桐乡等地参观、访谈，与加工企业、销售公司、农户进行访谈，并使用问卷进行预调研。

第二阶段：2019 年 6~8 月。笔者到湖北、广西开展正式调研。与蔬菜主管部门进行座谈，收集地方水生蔬菜发展的相关资料。与加工企业、出口企业、销售公司、合作社进行一对一的访谈和问卷调查，与水生蔬菜种植户进行一对一的问卷调查。采用分层随机抽样法收集数据。在国内选择湖北和广西两个水生蔬菜种植大省。湖北水生蔬菜规模最大，广西水生蔬菜品类较为全面，产业化发展程度较高，产品附加值较高。因此具有较强的代表性。在两个省份选取水生蔬菜规模大、集中度高的汉川、洪湖、蔡甸、黄陂、团风、浠水、监利、仙桃、荆门、襄阳、柳州、覃塘、钟山、荔浦、平乐、贺州。每个县区随机调研 1 家水生蔬菜公司或 1 家合作社，共获得 50 份问卷，问卷有效回收率达 100%。在汉川、蔡甸、黄陂、柳州、贺州抽取重点镇 1 个，重点镇抽取重点村 1 个，在重点村随机问卷调查农户共 70 户。

第三阶段：2019 年 12 月。国家特色蔬菜产业技术体系对全国水生蔬菜示范基地进行调研。合肥实验站、德州实验站、成都实验站、贺州实验站、杭州实验站、十堰实验站、大理实验站、遵义实验站、武汉实验站、石家庄实验站、福州实验站、南昌实验站、昆明十堰站对相应水生蔬菜示范基地的固定观测点进行问卷调查。共获得问卷 264 份。

两次对农户调查共获得有效问卷 334 份。在后续研究中不同研究内容所筛选出的有效回答不同，第 5 章使用的有效问卷共计 269 份，第 7 章使用的有效问卷共计 314 份。

1.4.2 样本情况

样本分布于安徽、广西、贵州、江西、福建、浙江、河北、湖北、湖南、山东、四川、云南、重庆。样本涵盖了我国水生蔬菜前十的省份。各省份获得样本量的数量与全国的种植面积的排名基本一致，如表 1-1 所示。

表 1-1　样本分布情况　　　　　　　　单位：份，%

省份	有效问卷数量	占比
湖北	37	11.0
广西	72	21.5
浙江	25	7.4
安徽	58	17.3
贵州	13	3.8
江西	33	9.8
福建	17	5.0
湖南	11	3.2
山东	16	4.7
四川	12	3.5
云南	21	6.2
重庆	7	2.0
河北	8	2.3

2 水生蔬菜产业合作契约选择与稳定性的分析框架

2.1 水生蔬菜产业合作契约选择

2.1.1 水生蔬菜产业合作契约及类型

2.1.1.1 契约及契约类型

契约（Contract）狭义来讲是指双方或者多方当事人之间的一种协议、约定，表现形式是订立合同（聂辉华，2017）。现实中契约更为广义，所有的商品或劳务交易都是一种契约关系。麦克内尔将契约分为古典型契约、新古典型契约、关系型契约三种（见表2-1）。古典型契约是完全契约，对交易过程中可能发生的情况均有明确规定。古典契约下的交易是一次性的，双方不关心契约关系的维持，只关心违约的惩罚和索赔。新古典契约是不完全的长期契约，双方关心契约关系的持续性。新古典契约中有一些无法预知的情况，在一些条款中保留灵活性，当发生争端时可借助法律仲裁。关系型契约也是不完全的长期契约，强调专业化合作及长期关系的维持（刘仁军，2005）。关系契约并不对交易的所有内容条款进行具体详尽规定，仅确定基本的目标和原则，过去、现在和预期未来契约方的个人关系在契约的长期安排中起着关键作用。

表2-1 交易形式、治理结构及契约形式

交易形式	治理结构	对应的契约形式
偶然或重复进行的非专用性交易	市场治理	古典契约

续表

交易形式	治理结构	对应的契约形式
偶然进行的混合性交易和专用性交易	第三方治理	新古典契约
重复进行的混合性交易	双方治理和统一治理	关系契约

资料来源：奥利弗·E.威廉姆森.资本主义经济制度——论企业签约与市场签约［M］.段毅才等，译.北京：商务印书馆，2002.

威廉姆森（2016）认为，市场制、混合制、层级制实质上都是一种契约形式，在市场上进行现货交易、订立购销合同与纵向一体化都是一种契约形式。张五常的《企业的契约性质》将契约安排分为商品契约和要素契约两类：商品契约以商品买卖为联结，包括市场交易和订单合约。要素契约是以生产资料为联结，股份合作是典型的要素契约。常见的形式还有是公司租用农户土地，再雇用农户进行生产。周立群和曹利群（2002）、尹云松等（2003）、苟茜等（2018）沿用商品契约、要素契约的分类进行研究，并发展为商品契约、监管的商品契约、要素契约、纵向一体化。

Grossman 和 Hart（1986）提出不完全合约在执行后常有未预料、合同未做安排的事项发生，可能会产生一些意外收入或损失，那么对这部分收入或损失如何进行处理，谁有权力进行处理，为此经常产生纠纷。也就是说，如何处置剩余索取权关系着不完全合约的实施效果。Grossman 和 Hart 认为，契约可以分为隐性契约和显性契约，隐性契约是非协议性的，显性契约是具有第三方强制执行力的书面协定。隐性契约对显性契约具有补充和替代作用，促进不完全契约的实施。

现实中存在大量富有灵活性的隐性契约替代显性契约，Raynaud 等（2005）将公司间的契约关系分为显性契约和隐性契约，将市场交易和关系契约视为隐性契约，书面合同和股份合作视为显性契约。相比订单合约、股份合作，市场交易、关系契约大量存在，市场制更具灵活性。公司在什么情况下会放弃这种灵活性，与农户建立更为紧密关系，对提升农产品供应链质量、带动农民增收具有重要意义。

2.1.1.2 农业契约

契约代表了交易活动各方之间的关系、交易的性质和内容。在农业领域，农业契约指的是农户与农产品加工、运销，为农户提供服务和生产资料的公司达成一致承诺。可以是口头或文字的、明示的或者默认的、简单的或者复杂的。

2.1.1.3 水生蔬菜产业合作契约及类型

产业合作契约就是交易的制度安排，产业合作契约的选择就是研究特定交易为什么选择了某种产业合作契约。吴本健等（2017）按照产业链主体之间关系的紧密程度将农业产业化模式划分为"商品契约""嵌入合作契约""要素契约"。商品契约关系指交易双方形成了产品与资本交换的契约关系，最简单的形式就是公司与农户的产品契约关系，公司按照市场价格或合约价格收购产品。要素契约主要是对生产产品的要素（土地、劳动力、资本和技术）进行了缔约，主要是对要素之间的交换关系进行约定。嵌入合作契约是基于合作和嵌入关系网络之上的缔约关系，合作关系通过风险和收益的分担和共享建立起来的利益联结机制，而嵌入关系是依靠社会关系网络（声誉、血缘关系等）建立起来的联系。在现实中嵌入合作契约能够对其他契约关系进行调和，不是孤立存在的。

水生蔬菜产业合作契约的形式多元化。有的以产品买卖为联结，表现为水生蔬菜鲜活产品的买卖。有的以服务为联结，表现为公司为农户提供生产资料、机械化作业、运销服务、产品初加工、技术培训等。有的以资金、土地、劳动力等生产要素为联结，表现为股份合作、土地入股等。通过不同的联结方式以不同经营主体互助、协作，完成水生蔬菜的生产、加工、销售，实现产品的增值。水生蔬菜合作契约指的是产业链主体之间合作关系的制度安排，包括市场交易、关系契约、商品契约及股份合作等。主体间以产品买卖、或服务、或生产要素为联结，双方联合、互助、协作，完成水生蔬菜的生产、销售或加工销售，实现水生蔬菜产品的增值，实现各自利润的提升。根据以往学者的定义以及本书水生蔬菜产业的情况，本书将水生蔬菜合作契约分为以下几种类型。

市场交易。市场交易是农业古典契约交易的主要表现形式。市场交易是立即完成的，互相不认识的交易方之间没有持久的关系，参照当下的市场价格进行交易。例如，在批发市场聚集着多个水生蔬菜产品的买家和卖家，有很多公司收购，也有很多农户销售。例如，地头市场，经纪人到水生蔬菜产地收购，通常经纪人是外地的菜贩，双方是不熟悉的。批发市场和地头市场交易的产品一般是比较大众化的水生蔬菜产品，质量、外观都是一般的产品。市场交易的优点是进入或退出的成本低，也不需要农户掌握专业知识。但是水生蔬菜的价格波动幅度大，影响农户收入的稳定性。另外，分散农户生产的产品难以分类，或者按照大小简单分类，保鲜预处理的程度较低，这类产品难以实现价值增值。因此批发市场、地头市场的交易半径受到限制。

订单合约属于新古典契约。订单合约是交易双方签订书面合同，合同尽可能完整，合同中的各项交易条款具有法律效力，具有强制性。但在法律制度不健全的地区，订单合同的法律效力比较差。公司与农户签订订单合约保证了原材料的来源，农户稳定了收入。一般订单合约所交易的水生蔬菜产品都具有异质性，例如要求产品是有机、绿色，要求产品是某一种特殊品种，要求产品符合比较严苛的标准以适应出口等。农户与公司签订订单合约实现了水生蔬菜产品价值增值，大大扩大了交易半径，突破了地域限制。浙江茭白种植农户与专业合作社签订订单合约，依托专业合作社的销售渠道和保鲜技术、冷藏设施、冷链运输将产品销售至北京、哈尔滨、乌鲁木齐等北方城市，在保证产品鲜活度的同时扩大了销售半径，实现了产品增值。

关系契约属于关系型契约。关系契约是在身份已知的交易方之间进行的非正式契约，他们之间的交易是重复发生的，在频繁交易中建立了由信任和声誉支持的契约关系。除产品买卖关系外，保持关系契约的双方经常为了实现共同目标而联合采取行动。在水生蔬菜行业，公司与农户间的一致行动表现在技术培训、信息共享、生产性服务、统一种子种苗、统一品牌和包装方面。他们之间可能没有正式合约，但公司常年收购熟悉农户的产品，并形成了建立在信任基础上的合作默契。一般公司需要水生蔬菜的量比较大的时候，与农户建立长期合作关系，通过关系契约维持货源的稳定性。

股权合作不仅是交易契约关系，也是产权契约关系。企业与农户形成股权合作，按照持股比例分配控制权和分配权。水生蔬菜中农户入股一般是以土地入股的形式，农户不仅得到生产收益，还能以股东身份获得部分利润。以资产为纽带，农户与合作组织、合伙人、股份有限公司、有限责任公司形成紧密的产业组织形式，农户与公司之间的关系变得更为复杂，不仅是简单的交易契约关系，还构成了产权契约关系。

近年来，同一家企业同时存在多种契约形式是非常常见的，称之为混合结构。以往研究重点关注某一种契约形式，缺少不同契约形式的横向比较。根据契约的执行是否具有强制力，本书将四类合作契约关系分为隐性契约：市场交易、关系契约；显性契约：订单合约、股权合作。四类合作契约的特征对比如表 2-2 所示。

表 2-2 水生蔬菜产业合作契约类型比较

	市场交易	订单合约	关系契约	股份合作
性质	古典契约	新古典契约	关系型契约	关系型契约
交易方式	买卖交易 交易对象随机	买卖交易 交易对象相对固定	管理交易 买卖交易 交易对象相对固定	管理交易 交易对象固定

	市场交易	订单合约	关系契约	股份合作
契约类型	隐性契约	显性契约	隐性契约	显性契约
博弈次数	一次	重复	长期重复	长期重复
定价方式	随行就市	随行就市 固定价格 成本价加利润 市场价加利润	随行就市 成本价加利润 市场价加利润 间接定价	间接定价

2.1.2 水生蔬菜的交易属性

1937年，科斯在"企业的性质"文中提出当合作效果相同时，应采取交易成本最低的合约，改变了人们思考经济组织的方式，并开创了新的理论体系（威廉姆森和温特，2009）。此后有奥列弗·威廉姆森、阿尔曼·阿尔奇安、H.德姆塞兹、D.诺思、张五常等创立的理论体系被称为"新制度经济学"（盛洪，2009）。特别是威廉姆森（2016）系统地阐述了交易成本经济学，以交易为基本分析单位，在契约不完全的情况下，通过比较各种不同的治理结构来选择一种最能节约事前交易成本和事后交易成本的制度，使交易成本理论具有可操作性，成为新制度经济学发展的重要里程碑。

所谓的交易指的是人与人之间的交互行动（Trans-action），交易成本在广义上讲指的是这种交互行动引起的成本，是人与人之间打交道的费用。狭义的指达成契约和保证契约执行的费用（盛洪，2009）。科斯指出，最明显的交易成本就是发现价格的成本、谈判和签订合约的成本以及为保证合同条款得到遵守而实施必要监督和检查的成本（威廉姆森和温特，2009）。威廉姆森（2016）指出，交易成本指起草、协商一份协议并为之提供保护措施的事前成本，尤其还包括在因为各种缺陷、错误、忽略和出乎意料的扰动而使合同执行被错误匹配时发生的适应不良和调整所产生的事后成本，也包括运行经济制度的成本。并将交易成本概括为信息搜寻成本、谈判成本和监督成本三种类型。

交易成本经济学从人的行为出发，假定人是有限理性，具有机会主义行为的倾向。有限理性指的是意欲理性的，但仅是有限理性的行为，这是一种获取、储存、重新得到或加工处理信息的有限认知能力状况。机会主义是指以欺诈手段寻求自利的行为，包括精心算计的误导、欺骗、混淆或制造其他混乱的能力。由于理性的种种限度，所有复杂契约都将不可避免的是不完备的。为了描述交易，交易成本经济学目前依赖的主要维度包括：交易重复发生的频率（聂辉华，2017）；交易所服从的不确定性的等级和类型；资产专用性。学界研究的重点在最后一条。

2.1.2.1 资产专用性

威廉姆森（2016）提出了三种契约形式：新古典主义的现货交易、企业内部的纵向一体化和合同，他将以上三种形式概括为：市场、层级制和混合治理形式。契约的形式取决于交易属性，威廉姆森从三个维度考察交易：交易重复发生的频率、交易所服从的不确定性的等级和类型、资产专用性。威廉姆森提出资产专用性时对其解释如下：资产专用性指的是不牺牲其生产价值的前提下，某项资产能够重置备择用途的程度，以及该资产被备择使用者重置的程度。资产专用性通过两种方式影响交易成本。一是由于机会主义风险，可能导致合同终止或无法履行的风险。二是资产的可交易性。资产专用性高的投资是不容易转移至其他活动上的。低资产专用性的投资是易于转让的。威廉姆森将资产专用性区分为六大类，本书吸收其他学者观点将资产专用性的概念以及在农业生产中的内涵归纳如表2-3所示。

表2-3　资产专用性的概念与内涵

资产专用性	概念与内涵
场地专用性	买方和卖方形成交易关系是由于地理位置的重要性（邻近性或特色）；投资地点对交易很重要，对其他地点进行投资则代表价值损失；场地专用性通常对与环境有关的交易很重要，因为场地对环境的产出影响很大
实物资产专用性	针对特定交易量身定制的物质资产投资，由于其特定的设计特征而很少有其他用途；例如生产具有某种特性的产品；农业生产用的机械除草机、收获设备、贮藏设备等；当该物质资产用于替代其最初购买的资产活动时，会发生价值损失
人力资产专用性	员工针对特定交易所具有的技能、知识和经验；例如对农民进行培训以掌握种植、采挖技能不可转移到其他方面
品牌资本	声誉投资。包括品牌建设、广告以及为提升公司声誉的投资
临时专用性	资产何时到达用户或者何时进行投资对资产价值很重要；农产品何时交易、农产品的耐腐蚀性对结果的影响至关重要
专用资产	专门为某个交易对象大量产品进行投资或制定特定的程序和流程。若合同提前终止，供应商面临严重的生产能力过剩问题；农业生产中为满足交易对象的需求，农户改变收获时间、改变生产收获方式等

第一，水生蔬菜的实物资产专用性。水生蔬菜的实物资产专用性主要表现在两个方面：一方面，与生产有关的实物资产。水生蔬菜生产需购买专用的采挖设备，改造水田，基础设施改造，部分生产者需要铺地膜、建设棚室，这部分投入难以交易。另一方面，与销售相关的实物资本专用性。主要体现在专业大户上。水生蔬菜专业大户大多是单一产品或 2~3 种水生蔬菜的生产和销售，一旦转销其他商品，以往建设的水生蔬菜保鲜池、储藏室、冷库等设施的投资就会变为沉没成本。往往实物资产专用性与经营规模呈正相关关系，规模越大，专用性越高。如果水生蔬菜农户改变种植结构或转行，那么一系列投资将变成沉没成本。实物资产专用性高导致沉没成本高，当价格下跌时经济损失更大，价格风险损失大。在交易过程中实物资产的投入的效果相当于"抵押品"，实物资产投资多的一方很容易被锁定在交易中，当外部选择范围较窄时，特别是市场价格下跌时，投资者被"敲竹杠"的可能性增加，增加了契约风险和销售风险。

第二，水生蔬菜的产品特性和市场需求决定的产品专用性。水生蔬菜由于产地的资源禀赋、产品的特殊性，以及受众窄，生产水生蔬菜产品本身就是一种实物专用性投资。生产产品专用性强的产品进行的投资加剧了实物资产专用性。尹云松等（2003）认为产品的专用性主要体现在自然属性和市场属性上。从自然属性来看，体积越大、理化性质越不稳定的产品，销售半径较小，销售时间较短，如果不按契约出售，则很难在短期内找到合适的买方，因而其专用性越强；从市场属性来看，产品越是用途特定，其市场需求面越窄，产品生产出来后再寻找其他买主的可能性就越小，因而其专用性越强。

水生蔬菜的产品专用性主要体现在两个方面：一方面，主要用来鲜食。水生蔬菜食品加工用量小，特别是茭白、莲藕、鲜莲子主要用途是鲜食，因此产品到了上市期只能鲜销。在水生蔬菜中有一部分品种的用途非常单一，例如专门用来加工马蹄粉的品种，鲜食口感差；专门用来加工藕条的莲藕品种，这些产品的专用性极高。另一方面，食用人群主要在主产区，食用方法不被大众熟知，市场需求面非常窄。农户种植专用性强的产品相当于进行了实物资产专用性投资，因为种植该专用性产品投入的设施、土地改造等也增加了实物资产专用性。产品专用性强意味着销售渠道较少，对交易方的依赖性更强，如果市场行情不好，农户面临销售困难或被压价的局面，经济利益受到损失，契约风险和销售风险加大。

第三，水生蔬菜的人力资本专用性。人力资产专用性是在"干中学"的过程中形成的。水生蔬菜的人力资产专用性主要表现在生产过程和销售过程中。在生产方面，水生蔬菜的生产管理与粮食作物显著不同，需要专业的知识和多年的经营摸索，水生蔬菜的优势区、聚集区多是具有多年种植历史的传统产区，这些地区中大部分只适合种植水生蔬菜，其他作物难以成活，长久沿袭下来，当地人对水生蔬菜生产管理十分精通。在市场低迷时，很多农户不转行的主要原因是从事水生蔬菜行业多年，积累了丰富的生产经验，对其他经济作物的生长习性不熟悉，需要重新学习和摸索。例如，莲藕的采挖必须专业采挖工人，懂得看莲藕的长势与方向才能收获完整藕节。茭白采收的时间、采收的手法都需要长时间经验的积累。在销售方面，销售渠道有关的人力资本的专用性是指水生蔬菜的销售人员必须具备相关产品的人脉渠道、专业的销售知识以及水生蔬菜保鲜储藏知识。传统产区已形成了水生蔬菜生产、销售、运输、加工、社会化服务等完整的人力资源网络，因此当遭受市场冲击时，专业的知识和经验又使其难以摆脱路径依赖，根据市场需求调整生产结构的灵活性差，经常因价格波动造成损失。

第四，水生蔬菜易腐蚀性导致瞬时专用性。瞬时专用性指的是资产必须在特定时间使用，否则将遭受价值损失。水生蔬菜采挖后极易发生褐变，保鲜期较短。莲藕在常温下极易发生褐变，影响销售。使用新型保鲜剂在 0℃~5℃ 的冷藏条件下，莲藕保鲜期可达 30 天，藕带保鲜期可达 15 天；茭白常温下仅可保存 2~3 天，低温气调贮藏可保存 40 天左右，这种储存方法需要进行大量的投资。茭白、藕带、鲜莲子等必须在短时间内销售出去，一般小农户没有保鲜设施，产品的瞬时专用性较强导致农户处于谈判弱势，极容易遭遇机会主义行为，尤其在市场波动时容易被压价，经济收益受到损失，加大了农户的销售风险和契约风险。

2.1.2.2 不确定性与农业风险

Koopmans 区分了一级不确定性和二级不确定性：一级不确定性和二级不确定性（威廉姆森，2016）。一级不确定性与外部环境有关，指的是自然环境与市场的不确定性。二级不确定性与人的行为有关，指的是人的机会主义行为。一级不确定性会引起二级不确定性，此外资产专用性程度加深引起的是二级不确定性。不确定性越强，意味着发生损失的可能性增强。

不确定性产生的影响可能是正向的，也可能是负向的。对合作契约产生影响的主要是负向的相关风险的发生。由于不确定性具有不可测量的特点，学者在做实证研究时经常使用风险性替代不确定性。鉴于理论分析使用不确定性更多，本书中不作区分。本书使用不确定性一词，包含风险性的含义。

风险被定义为"由外部或内部脆弱性引起的损害、伤害、损失或任何其他负面事件的概率或威胁，并且可以通过先发制人的行动来避免"（Gonzales，2014）。"风险被定义为伤害发生概率与伤害严重程度的组合"或"风险是人类重视事件或活动的不确定后果"。Mayer 等（2005）、Aven 和 Ortwin（2009）以上用过的例子很好地描述了风险。在 ISO 31000：2009 标准中，风险是"目标不确定性的影响"（Purdy，2010）。根据风险来源不同，农业风险主要分为五个类型：产出价格和市场风险、金融风险、生产风险、制度风险、人力资本风险（Harwood，1999；Hardaker 等，2015；Musser，2002；Kahan，2013）。市场风险包括投入和产出价格波动以及任何市场冲击。市场风险是指在市场交易中由于市场各因素的不确定性而导致的经济损失。农业生产经营的市场风险指的是农户生产出来的产品能否顺利卖出去并获得经济收益的不确定性，是农户遭遇市场变化或产品不对路而造成经济损失的可能性（王明涛，2003）。金融风险包括贷款、利率以及与融资有关的不确定性。生产风险主要来自不可预测的天气事件、病虫害袭击（生物安全）、产量损失和技术风险。政策风险包括政府强制执行的政策、规则、税收和法规变更。人力资源风险指的是经营者和被雇佣者死亡和疾病，可能导致利润损失或农业的可持续性。生产风险是重要的风险源（Traxler 等，1995），如农业生产和粮食安全受气候变化和病虫害的影响越来越大（Sassenrath 等，2008；Fraser，2016；Ju 等，2013；Anandhi 等，2016）。因此，有学者进一步通过将生产风险分解为第六类——天气和气候来改变导致的风险，第七类是生物安全威胁（如病虫害暴发、入侵物种）。根据世界银行的分类，技术风险是生产风险中的主要风险，因此可以归类作为一组风险（Weltbank，2012；Hay，2007）。由此可分为七类风险来源，分别是市场风险、金融风险、政策风险、天气和气候风险、生物安全威胁的风险、技术风险、人力资源风险。除技术风险外均属于外部风险，可见农业风险主要来自外部。

莲藕的不确定性主要有：市场价格波动、暴雨等极端天气、连作障碍等导致的减产。茭白的不确定性主要有：销售的及时性、采摘期及采摘手法的掌握程度、产品的保鲜措施。不同产品所面临不确定性因素不同，不确定性所造成的损失程度不同。相对而言，茭白是水生蔬菜中生产技术风险最高、销售风险最高的；莲藕是市场价格波动最剧烈的；荸荠和芋头相对来说不确定性因素较少。

2.1.2.3 交易频率

威廉姆森（2016）关于交易频率的特性，包括两个维度，一个是交易的规模性，另一个是交易的频率。交易频率与规模经济和范围经济有关。当交易频率越高时，交易成本越高。为节约交易成本，企业可能改变治理结构，将经济活动内部化，但这样做可能会牺牲规模经济和范围经济，需要比较两者得失确定相应的治理结构。一般在交易规模大、交易频率高的情况下，为节约交易成本，企业倾向构建专门的治理结构。

不同的水生蔬菜交易频率差异较大。从规模来看，莲藕的种植规模最大，一般大户的种植面积在100亩以上。茭白的种植面积较小，农户分散生产为主，一般20亩以上就是大户。荸荠、芋头的种植也是以农户分散生产为主。荸荠生产大户的面积在50~150亩。从交易频率来看，莲藕只有6~8月出货量较少，其他月份有的农户随卖随采挖，有的农户在价格高时一次性出清，不同农户的交易频率不一致。茭白一年有两次成熟季，交易集中在成熟季，呈现出交易频繁、单次交易量小的特征。荸荠和芋头相对来说耐储性较好，交易频率主要与农户自身有关。

2.1.3 交易属性与治理结构

契约达成、执行与否的内生因素是风险、成本与收益的权衡，降低风险是参与契约的基本动力。农户与企业之间生产和销售需要作出相关投资决定，往往是专门化的投资，专用性投资会产生可挤占准租金，引发机会主义行为。决策者会考虑一些措施来保护可挤占准租金不被对方侵占。经济学家提出两种保护机制：合同和产权。由此可见，选择合同或产权安排的基本动力是保护可挤占准租金、保护已产生的投资，即降低风险（Williamson，1971）。关于契约（显性契约）的动机，理论界普遍认同三个主要动机：风险转移、激励一致和节约交易成本。在农业保险不健全的环境下，农户参与契约的首要动因是削减风险（Jaffee 和 Morton，2005；Key 和 Mcbride，2003；Simmons 等，2005），其次是减少交易成本、获得高收益（Louw 等，2008）。一方面通过签订合同来限制机会主义，如果交易方未能履行承诺则会受到法律制裁。另一方面通过合同可以将风险转移给风险厌恶程度较低的交易方或"低成本风险承担者"（Stiglitz，1974）。有的契约是激励性的，目标是将交易双方采取行动或纰漏个人信息的个人激励与联合盈余最大化利益相一致（Hart 和 Holmstrom，1987）。交易成本经济学强调通过契约可以节约交易成本（Williamson，1975，1979；Klein 等，1978）。

威廉姆森研究了交易特性与治理结构的匹配，主要分析了资产专用性与交易频率对治理结构的影响，如表2-4所示。

表2-4　交易特性与治理结构

资产特征\交易频率	通用资产	混合性资产	专用性资产
偶尔	市场治理（古典契约）	三方治理（新古典契约）	三方治理（新古典契约）
经常	市场治理（古典契约）	混合治理（关系契约）	科层治理（纵向一体化）

资料来源：奥利弗·E. 威廉姆森. 资本主义经济制度——论企业签约与市场签约［M］. 段毅才等，译. 北京：商务印书馆，2002.

威廉姆森（2016）认为，资产专用性低的通用资产，无论是交易频率高还是低，均发生一次性、即时性交易，对应的契约关系是古典契约，匹配市场治理。当资产专用性处于中、高水平时，如果交易频率比较低，那么对应的契约关系是新古典契约，匹配三方治理。交易频率比较高时，随资产专用性的提高，相应地治理结构是市场治理、混合治理和科层治理。

资产专用性高的投资是不容易转移至其他活动上的，低资产专用性的投资易于转让，资产专用性越高转换成本越高，因此为某项交易或某些交易对象投资专用资产，就会有被锁定在该交易中的可能。当买方和卖方都进行了耐用的专门投资时，双方就会形成持续的依赖关系。专用性投资会产生可挤占的准租金，增加事后机会主义风险，如何解决事后机会主义行为？Klein 等（1978）在《纵向一体化、可转移性租金与竞争性缔约过程》一文研究显示，当资产专用性越强时，产生更多的可挤占准租金，机会主义行为增加，交易成本上升，因此合约的成本高于纵向一体化的成本，共同所有权或联合所有权优于合约关系，缔约成本逐渐增加超过纵向一体化的成本，其他条件相同的情况下，我们将更多地考虑纵向一体化。威廉姆森（2016）认为，组织是一种合约安排，合约的形式取决于交易属性，资产专用性是最重要的因素。交易具有不同属性，属性不同的交易对应不同的治理结构。当买卖双方处于完全竞争市场结构下，由于关系专用投资导致投资方替代交易成本过高，因此市场处于对方垄断状态，投入专用性资产一方会运用合适的合约安排避免对方机会主义行为，资产专用性的增加导致从市场到合约再到纵向一体化的演变。但长期合约和纵向一体化产生一些在市场交易中不存在的交易和组织成本，包括制定、监督和执行等内部组织成本。由于内部组织成本、规模经济、经验等因素的存在可能会使长期合约、纵向一体化又回到市场交易，合约的选择是多重因素的平衡（威廉姆森和温特，2009）。随着研究的深入，威廉姆森强调了混合治理的重要性，当资产专用性处于某一区间时，混合治理可以优于市场和科层制，同时得到市场和科层制的好处。

2.1.4 专用性投资与产权配置

狭义的不完全契约理论通常指企业的产权理论，而广义的不完全契约理论还包括了交易成本经济学和关系契约理论（Relational Contract Theory）（聂辉华，2017）。由于现实世界是复杂性以及人的有限理性和机会主义，因此预测未来是困难的，契约条款不可能对未来任何偶然事件都做出详尽的安排，所以契约往往是不完全的。契约不能把不同条件下对应的所有责任和义务都做出合理安排，没有详尽规定的那部分权利被称为剩余控制权，剩余控制权应归资产所有者。专用性投资会降低投资方讨价还价的地位，另外一方会索取比事先商量好的更多的事后剩余，由于存在机会主义行为的风险存在使专用性投资激励不足（Lars Werin 和 Hans Wijkander，1999）。产权理论主张通过某种机制来保护事前的投资激励。Grossman 和 Hart（1986）最早用数学模型的研究不完全契约问题，Hart 和 Moore（1990）研究不完全契约的契约重新谈判和机制设计问题，解决专用性投资导致的"被套牢"问题，被称为 GHM 模型，该模型被称为所有权—控制权模型。

假设卖方 S 和买方 B 在时期 0 签订契约，约定买方 B 在时期 2 向卖方 S 购买中间产品 W，卖方 S 在时期 2 向买方 B 提供中间产品 W。自然状态 W 具有不确定性，所以契约是不完全的，契约中无法预料到所有事后收益及分配。假设在时期 0 外部选择无约束。在时期 0 至时期 1 买方 B 需要进行专用性投资 i，卖方 S 需要进行专用性投资 e。p 代表双方交易中间品 W 价格。$\bar{p}$ 代表双方不交易时通过其他途径购买产品 W 的价格。R（i）代表交易时买方 B 的收益。C（e）代表交易时卖方的成本。

如果双方交易，总盈余为：

$$R（i）-p+p-C（e）= R（i）-C（e） \tag{2-1}$$

如果双方不交易，总盈余为：

$$r（i；S）-\bar{p}+\bar{p}-c（e；B）= r（i；S）-c（e；B） \tag{2-2}$$

假设交易双方只有在事后才能得利，那么双方交易的总盈余必须大于不交易的总盈余：R（i）-C（e）>r（i；S）-c（e；B）；而且 S 和 B 交集为空，合集为（i，e）。

买方、卖方进行专用性投资的事后报酬为：

$$\pi_1 = -\bar{p} + \frac{1}{2}R + \frac{1}{2}r - \frac{1}{2}C + \frac{1}{2}c \qquad (2-3)$$

$$\pi_2 = \bar{p} - \frac{1}{2}C - \frac{1}{2}c + \frac{1}{2}R - \frac{1}{2}r \qquad (2-4)$$

如果在时期 0 发生了交易，那么在时期 0 的现值为：

$$R（i）-i-C（e）-e \qquad (2-5)$$

式（2-5）最大化的一阶条件是：

$$R'（i^*）= 1 \qquad (2-6)$$

$$|C'（e^*）| = 1 \qquad (2-7)$$

由于契约的不完全性，最优结果无法实现，只能选择次优结果。假定双方分别拥有资产 i 和 e，那么扣除成本后的利润分别为：

$$\pi_1 - i = \bar{p} + \frac{1}{2}R（i）+ \frac{1}{2}r（i; S）- \frac{1}{2}C（e）+ \frac{1}{2}c（e; B）- i \qquad (2-8)$$

$$\pi_2 - e = \bar{p} - \frac{1}{2}C（e）- \frac{1}{2}c（e; B）+ \frac{1}{2}R（i）- \frac{1}{2}r（i; S）- e \qquad (2-9)$$

分别对 i、e 求微分，得出均衡条件为：

$$\frac{1}{2}R'（i）+ \frac{1}{2}r'（i; S）= 1 \qquad (2-10)$$

$$\frac{1}{2}|C'（e）| + \frac{1}{2}|C'（e; B）| = 1 \qquad (2-11)$$

买方和卖方之间可能出现三种产权结构：①S 拥有 i，B 拥有 e，称为非合并类型。②S 拥有 i 和 e，称为一类合并。③B 拥有 i 和 e，称为二类合并（张玉卓，2019）。最后根据式（2-10）、式（2-11）推演出三类产权结构的均衡条件。GHM 模型得到以下结论：

第一，当仅有一方进行专用性投资时，那么最优的产权配置就是产权全部归投资方所有。

第二，当双方都进行专用性投资，且各自的投资是一样重要的情况下，各自拥有产权是最优配置。

第三，当双方投资的资产是相互独立的，那么各自拥有产权是最优配置。

第四，当双方投资的资产是互补的，那么共同拥有产权是最优配置。

GHM 模型仅讨论了外部选择具有约束力，外部选择为现状点①的情况。此

---

① 现状点（Status Quo）：指的是当事人选择合作后不会行使关系外的权利。

时，如果买方和卖方未达成交易，双方事后不交易收益小于事后交易收益，因此双方会选择达成契约。GHM 模型中买方和卖方均分可占用准租金，可挤占准租金＝合作剩余－双方未达成协议时的收益。Chiu 和 Yang（1999）、De Meza 和 Lockwood（1998）讨论了外部选择无约束力，外部选择为威胁点①时的情况。双方合作产生的剩余就是合作剩余 π。对比分析外部选择为现状点和威胁点的情况，得出以下结论：①当买方或卖方一方的外部选择具有约束力，即不能行使关系外的权利，那么专用性投资是有效率的或者过渡的。当买方和卖方的外部选择均不具有约束力，即能够行使关系外权利，那么专用性投资水平是最低的，介于双方外部选择具有约束力和一方外部选择具有约束力之间。②如果投资方的外部选择为威胁点，可以行使关系外权利，那么投资方可以获得全部收益，并做出有效率的投资。③如果投资方的外部选择为现状点，不能行使关系外权利，那么专用性投资达不到有效投资水平（刘清海和史本山，2012）。

2.2 水生蔬菜产业合作契约稳定性

稳定性一词最先出自物理学科理论，指的是原来处于平衡状态的系统，在受到扰动作用后都会偏离原来的平衡状态。若系统在扰动消失后，经过一段过渡期后，系统仍然能够恢复到原来的平衡状态则称该系统是稳定的。否则，则称该系统是不稳定的。国内外学者在研究合作契约的稳定性时，从不同角度评价了合作契约的稳定性。绝大部分学者从合作契约的履约情况评价合作契约的稳定性。不论市场环境变化、价格变化、经营中出现何种意外事件，农户和公司的履约率越高表示合作契约稳定性越强。即干扰因素发生后，双方是否能够回到履约状态。部分学者从继续履约意愿评价合作契约的稳定性。当双方对合作效果满意时，继续合作的意愿就更加强烈，从而促进履约行为。部分学者从合作契约的长期性角度评价合作契约的稳定性。因此，本书将水生蔬菜合作契约的稳定性界定为：公司与农户为生产、加工、销售水生蔬菜，双方联合协作的时间长短、履约率高低以及继续合作意愿程度。合作的时间越长、履约率越高、继续合作意愿越强烈代表合作契约的稳定性越强。

---

① 威胁点（Threat Point）：指的是当事人在谈判过程中可行使关系外的权利。

实施问题是契约的核心，契约实施的主要机制是自我履约和第三方强制。孙经伟（1998）、Telser（1980）、张维迎（1996）、Krep 和 Wilson（1982）从资产专用性、惩罚、激励、声誉、社会资本等角度研究了不完全契约的自我实施机制，构成了不完全契约自我履约机制理论。

隐性契约不依赖于第三方强制力，双方通过沟通达成合作共识，或者由双方共同知识达成合作，契约是否能够履行取决于契约方自身的判断。隐性契约符合一定条件后可自我实施，可达到超稳定状态。不完全契约自我实施的条件有：

第一，履约收益大于违约收益。

第二，双方反复、多期交易。

第三，被"敲竹杠"的一方能够终止契约。

第四，双方进行了专用性投资，并具备声誉资本。

第五，双方有约定的交易条款，受法律的保护。

2.2.1 专用性投资与不完全契约的自我实施

假设卖方 S 和买方 B 约定将产品在某时间进行交易。双方交易后的收益分为三种情况：

第一，当市场价格低于约定的价格时，买方违约。

当双方未进行专用性投资时，卖方和买方的收益分别为：

$$\pi_s = P_1 Q - C \tag{2-12}$$
$$\pi_B = \pi_0 + (P_0 - P_1) Q \tag{2-13}$$

当双方都进行了专用性投资，如果违约那么专用性资产变为沉没成本。假设买方和卖方分别投资专用性资产 e_1 和 e_2。卖方和买方的收益分别为：

$$\pi_s = P_1 Q - C \tag{2-14}$$
$$\pi_B - e_1 = \pi_0 + C (P_0 - P_1) Q - e_1 \tag{2-15}$$

其中，C 表示卖方 S 的生产成本，P_0 是约定的收购价格，P_1 表示当约定价格低于市场价格时的市场价格，Q 表示交易数量，π_0 表示遵守约定进行交易时的收益。此时，如果 $\pi_B - e_1 < \pi_0$，即 $e_1 > (P_0 - P_1) Q$，表示买方在市场上购买的收益小于履约收益，那么买方将履约。

由此得出命题 1：买方专用性投资越高，契约越稳定。

第二，当市场价格等于约定的价格时，双方均履约。双方无论是否进行专用性投资，卖方和买方的收益分别为：$\pi_S = P_0 Q - C$、π_0。

第三，当市场价格高于约定的价格时，卖方违约。

在双方未进行专用性投资的情况下，卖方和买方的收益分别为：

$$\pi_S = P_2Q - C \tag{2-16}$$

$$\pi_B = \pi_0 - (P_2 - P_1) Q \tag{2-17}$$

当双方均进行了专用性投资时，卖方和买方的收益分别为：$\pi_S = P_2Q - C - e_2$、π_B。

其中，P_2 表示市场价格高于约定价格时的市场价格。

当违约收益小于履约收益时，卖方将履约。即 $e_2 > (P_2 - P_1) Q$ 时，卖方将履约。

由此得出命题 2：卖方专用性投资越高，契约越稳定。

2.2.2 声誉效应与不完全契约的自我实施

在陌生人社会中，契约实施主要基于信息完全且对等假设之上的第三方强制。在契约不完全、高交易成本和信息不对称的水生蔬菜产业，第三方强制机制失灵较为普遍。此时契约的自我履约功能主要依靠声誉机制，即通过传播失信信息，在土地、劳动、要素和产品市场上，减少违约者与其他伙伴的交易机会，从而增加其违约成本，减少其违约收益（米运生等，2017）。声誉机制有效运行依赖于特定的交易环境，满足以下条件声誉机制才能有效运行：长期交易关系、交易频率高、不确定性低、违约信息可证实（Arora 和 Romijn，2012）。声誉效应的作用机理包括以下两点：第一，通过长期交易的利益预期诱导交易双方信守承诺。第二，通过增加违约成本、减少违约者当期收益，降低违约的倾向（Salomon 和 Forges，2015）。当买方和卖方进行一次性交易时，双方采取不合作追求当期利益最大化，最终导致"非合作博弈均衡"。当买方和卖方进行多次交易时，在重复博弈中，机会主义行为会在下期交易中受到惩罚，从而加大惩罚损失。

声誉效应、专用性投资与不完全契约的自我实施。专用性投资在促进公司、农户未来预期收益的同时，产生可占有性准租金，将私人惩罚上升为可置信，专用性投资相当于进行了可置信承诺，从而强化声誉的激励和惩罚效应（刘丽和吕杰，2017）。

声誉机制与合作契约既相互独立又统一在同一交易框架下，两者相辅相成，共同推进产业合作契约的稳定。在合作过程中，任何契约形式都可以嵌入声誉机制，从而强化交易关系，促进双方履约（万俊毅，2008）。

2.2.3 社会资本与不完全契约的自我实施

很多学者基于社会学视角研究合作契约问题，主张运营关系治理提升合作契约稳定性，减少违约风险（徐忠爱，2011；陈灿和罗必良，2011）。Polanyi（1944）提出，社会生活中的行为主体处于一定的社会网络中，其经济行为往往受到认知水平、文化水平、社会关系、习俗、政治环境等因素的影响，人的行为不是总出于理性角度。Granovetter（1985）指出，企业的经济行为也受到社会关系和结构的影响。由此学者总结、提出社会嵌入理论：经济行为是社会行为的一种，社会环境、社会网络关系、文化等因素会修正个人或组织的利润最大化行为，从而对经济制度的形成产生影响。在社会网络中联结更多主体，处于网络中心位置的个人或组织更具信息优势和控制优势。处于高密度社会网络中的个体或组织相互沟通、制约，有利于形成信任关系，促进契约的稳定性。此外，社会嵌入的类型不断扩展，刘帅顺和张汝立（2020）、吴平肖和谈存峰（2020）在研究中加入了"合作嵌入"。

社会网络被定义为：一群行动者与他们之间的联系。社会网络由"结点"和"联系"两个要素构成。"结点"可以是个人或组织；联系就是行动者之间的关系（许亚萍等，2017）。网络在我国农村社会网络关系对农户的各项决策行为产生着重要影响（王蕾等，2019）。Fafchamps（2006）认为，随社会网络关系的密切性提升，信任关系随之提高，从而提升农户的行为效率。许亚萍等（2017）采取规范性研究考察社会网络对农产品交易的影响，认为社会网络可以降低信息不对称、减少机会主义行为。因此社会网络有益于降低农产品交易成本，促进提升交易关系的稳定性和交易绩效。

社会资本是一种责任与期望、信息渠道、一套规范与有效的约束，他们能限制或激励某些行为。社会资本主要包括社会规范、信任和社会网络。社会资本通过社群的联系和共识约束行为，从而加强关系的稳定性，促进组织的有效运行。社会规范中有一部分是非正式的规范，他们是在人与人长期相处过程中形成的默认规范，如惯例、习俗等。信任是保持合作关系的重要前提。建立信任关系可节约交易成本，促进不完全契约的自我实施（Fukuyama，2000）。社会网络是人与人在社会活动中建立的联系，社会网络具有社会资本属性。农村中的社会网络关系一般是以地缘、亲缘为主，在网络技术尚未普及时，他们依赖周边亲戚、朋友、邻居提供的信息。在关系网络中人的机会主义行为受到约束，为获得长远利益，各方会完成履约行为。

社交网络是信息传播速度更快的社会网络。社交网络是用户与他人建立关系的互联网平台。Lenhart和Madden（2007）总结社交网络的功能，指出社交网络的两大功能：①创建个人主页。②通过平台与其他人交流、沟通、建立关系。随

4G、5G 的发展和应用，社交网络不仅是交友平台，更是工作、创业、合作、投资等活动的交流平台。社交网络通过网络技术使人与人之间的联系更加密切、便捷，增强了群体间的联系（Bruce Antelman 和李雯，2008）。随着网络技术的提升，信息传播速度迅速提升。熊熙和胡勇（2012）特别指出社交网络的信息传播功能，社交网络中的用户既是信息的接收者，也是信息的发布者、信息的创造者。可见，社交网络中建立的联系，不仅具有社会资本属性，还具有更强的信息传播属性。

2.2.4　信任关系与不完全契约的自我实施

供应链管理理论认为，企业建立战略性合作伙伴关系是保持市场竞争力的重要手段，关键是供应链上各个经营主体间的连接和合作，如何保持各经营主体在产品研发设计、生产、竞争策略等方面的协调一致性是核心问题。

近年来，学术界开始关注非正规经济体、收入水平底层人群在供应链中的角色以及如何使这部分人群可持续性地加入供应链条中来。（Bottom/Base of the Pyramid）金字塔底部/基础（Bop）一词由 Prahalad（2005）在"金字塔底部的财富"文中涉及。管理学文献中 BOP 指的是收入少于某一标准的人口，也指发展中国家中相对贫困、生活条件较差的人群。这个群体是世界收入金字塔的底层，主要由发展中国家的公民组成。在 BOP 研究中，有学者认为带动 BOP 群体增收的关键是建立高效的市场机制和私营企业的活力（Hahn，2009）。研究发现与大型企业相比，小规模地方企业对 BOP 人群的影响、干预能力更强，在地方发展中起到了决定性作用（Khalid 和 Seuring，2019）。在发展中国家的经济环境下，联合创新和联合发展等商业实践与创造共同价值高度相关。Ray（2011）、Chen 和 Paulraj（2004）、Seuring 和 Muller（2008）、Pagell 和 Wu（2009）以及 Carter 和 Rogers（2008）在正规经济体中供应链管理理论的基础上，构建了带动金字塔底部人群的新的供应链管理结构，为提升供应链的可持续性提供了研究框架，如图 2-1 所示。

买方—卖方间的关系是供应链可持续性的核心问题。可以从以下五方面促进买方—卖方建立互相信任的合作关系：①制订长期合作计划，进行多期交易。②及时、有效的沟通。③跨职能合作。供应商参与到产品设计、采购战略等环节中。④充分利用网络技术。⑤降低环境的不确定性。

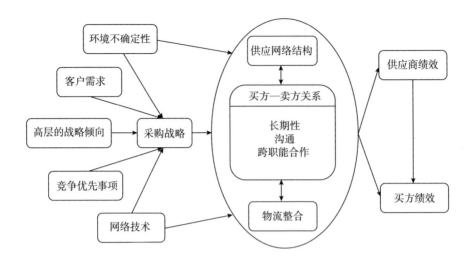

图 2-1　供应链可持续性管理结构

根据 Bop 研究，公司调整采购战略将 Bop 生产者作为供应商纳入产业链中来，是实现公司与金字塔基础人群双赢的有效途径（Lim 等，2013）。高层的战略管理方向具有重大影响，在供应链伙伴关系建立初期高层管理者可调动更多的资源，如资金、技术等（Akula，2008）。客户需求是制定采购战略考虑的首要问题，客户需求在制定和执行供应链战略的重要性不言而喻（Ghauri 等，2014）。公司的竞争策略不同，会导致公司选择不同的采购战略。一般公司会在成本的基础上，侧重于质量、速度、可靠性或灵活性。竞争的优先事项不同，选择不同的采购战略。

环境不确定性引起供应链的不确定性（Arora 和 Romijn，2012），风险性影响采购战略的同时也影响买方—卖方关系。随着网络技术的发展，沟通更加方便快捷，信息交换速度加快，买方和卖方之间的沟通更有效率。同时网络技术的发展也使得信息更加对称，由于信息不对称发生的机会主义行为减少，促进了双方合作的长期性。

2.3　本章小结

合作契约是实现小农户与现代农业有机衔接的主要途径之一。然而水生蔬菜

产业合作的弱稳定性、高违约率制约了农业产业化发展，阻碍了农业向高质量的
发展。本章通过理论逻辑分析得出提升合作契约稳定性的分析框架（见图2-2）：
第一，要在订立契约前选择与产品特性、交易特征、关系特征、公司特征、农户
特征相匹配的合作契约形式。不同特征的农户匹配相应合作契约形式。不同公司
面对不同关系特征、不同交易特征时匹配相应合作契约。第二，在匹配合作契约
后，社会环境、经济环境都具有不确定性，公司和农户通过哪些手段保持合作契
约的稳定性，促进双方履约。

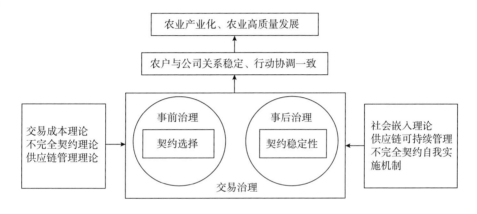

图 2-2 理论分析框架

契约选择问题主要基于交易成本理论、不完全契约理论，越来越多的学者从
供应链管理、社会学理论扩展契约选择的理论基础。交易成本理论提出不同交易
特征应匹配相应最节交易成本的契约形式。资产专用性、交易频率、不确定性
越高，越应匹配协调适应性强的契约，例如，合约、股份合作、纵向一体化。不
完全契约理论提出专用性投资水平与产权分配有关，专用性投资高的一方应获得
更多的产权，这为公司选择纵向一体化、股份合作还是购买提供了理论依据。此
外，在供应链管理方面学者突破了交易成本理论、不完全契约理论，拓展了产品
技术特征、关系特征、公司战略、个人特征和偏好等因素对契约选择的影响。

分别从农户、公司角度研究契约选择问题。理论界更加关注合约、股份合
作、纵向一体化等显性契约的匹配问题。但实践中农户参与合约、股份合作、纵
向一体化等显性契约的占比非常少。提升契约稳定性的第一步是提升显性契约参
与率。农户往往是契约的接受者，建立农户特征、风险偏好、契约选择的分析框
架，分析参与显性契约和隐性契约的农户的特征和偏好。公司往往是契约的制定

者，建立专用性投资、风险性、关系特征与契约选择的分析框架，分析影响公司契约决策行为的因素，重点关注公司在什么条件下选择显性契约。

不完全契约的自我实施机制、供应链可持续性管理、社会嵌入理论为提高契约稳定性提供了理论基础。当契约无法通过第三方强制实施时，契约能否实施取决于契约方自身。专用性投资、社会网络、社会规范、信任关系能够促进不完全契约自我实施。但以上因素之间的关系并不明确。

根据社会嵌入理论，社会网络中的联结数量、信息获取密度、合作嵌入程度将修正个人或组织的追求利润最大化行为。个人或组织的社会网络规模、密度越强，意味着个人或组织拥有更多的社会资源，获取信息能力更强，受到各方牵制更多，有利于建立信任关系、促进契约的稳定性。合作嵌入通过长期反复沟通、合作培养信任关系，促进契约的稳定性。但相关实证研究还比较少。

供应链可持续性管理经验指出，生产者、加工者之间跨职能的合作能够促进供应链可持续性；网络技术的发展提升了信息的对称性，降低机会主义行为从而促进供应链可持续性。鉴于社交网络在农产品交易中的广泛应用，考察社会网络规模和密度时，使用个人社交网络数据更具代表性。

3 我国水生蔬菜产业合作契约的演进及动力机制

随着社会环境、经济环境、制度环境的变化，水生蔬菜产业合作契约也发生了相应的改变。本章以水生蔬菜产业发展进程为起点，分析水生蔬菜产业合作契约的演进历程以及合作契约演进的动力机制。

3.1 我国水生蔬菜产业发展现状

水生蔬菜是我国区域性特色明显的优势农产品，属于区域性栽培、全球性消费的蔬菜，被称为"中国特菜"，出口创汇能力强。在保障"菜篮子"产品有效供给、促进农民就业增收、农村环境增美等方面发挥了重要的作用。水生蔬菜包括莲藕、茭白、荸荠、芋头、菱角、慈姑、蕹菜、水芹、豆瓣菜、莼菜、香蒲、芡实、蒌蒿，均具有很高的营养价值和药用价值（其中部分是重要的药材），具有医疗保健功能（柯卫东等，2015）。水生蔬菜不与粮争地，可充分利用湖塘、沼泽、低洼地带等水资源和湿地资源。在消除和减轻保护地蔬菜的盐碱化、改善鱼塘生态环境等方面发挥独特的作用。水生蔬菜还具有文化传承的功能；莲、荷花等在我国古诗词、建筑、节日等诸多文化领域有广泛体现；因此容易打造特色优势产区。近年来受消费升级的影响，水生蔬菜需求不断增长，产业规模迅速扩大。水生蔬菜由季节性消费向全年消费转变；消费区域由南向全国、全球扩散。产销距离变大、产品极易褐变的特性导致生产、加工、销售必须密切配合，才能保证产品顺利销售。

3.1.1 水生蔬菜生产规模及布局

2006~2018 年我国水生蔬菜种植面积先增后降[①]。2006~2012 年缓慢增长，由 373.2 千公顷增长到 393.4 千公顷，涨幅 5.41%，年增长 1.06%。2012~2016 年快速增长，2016 年种植面积激增到 918.1 千公顷，比 2012 年增长 524 千公顷，涨幅 133%。2016~2017 年基本稳定，2018 年种植面积下降明显，2018 年水生蔬菜种植面积 867 千公顷，较 2017 年下降 53.3 千公顷，降幅 5.79%，如表 3-1 所示。

表 3-1 中国水生蔬菜的生产规模

单位：千公顷，万吨，公斤/公顷

年份	面积	产量	单产
2006	373.2	1018.4	27288.0
2008	359.4	992.5	27617.0
2009	362.8	1040.0	28666.0
2010	369.1	1077.1	29179.0
2011	386.6	1150.1	29748.0
2012	393.4	1148.4	29195.0
2016	918.1	3443.2	37504.0
2017	920.3	3498.1	38010.0
2018	867.0	3037.4	35034.0

资料来源：2006~2012 年数据来自《中国农业年鉴》，2016~2018 年数据来自《国家特色蔬菜产业体系产业经济岗调查整理》。其中，2007 年、2013 年、2014 年、2015 年、2016 年无年鉴数据。

2006~2018 年水生蔬菜产量、单产总体呈上升趋势。《中国农业年鉴》数据显示，2006~2012 年水生蔬菜产量由 1018.4 万吨增长到 1148.4 万吨，单产由 27288 公斤/公顷增长到 29195 公斤/公顷。2015~2018 年自然气候变化异常，部分地区水生蔬菜产量和单产波动较大。2018 年多地受暴雨影响，加之莲藕价格持续低迷农民管理积极性不高，水生蔬菜单产水平是近四年最低水平。

---

① 资料来源：《中国农业年鉴》（2007~2013 年）、《中国农业统计资料》。

中国水生蔬菜自 2012 年发展速度提升，一方面，产品需求增长刺激生产，效益高促使农民扩种；另一方面，"十二五"期间国家科技支撑计划"水生蔬菜高效生产技术研究与示范"促进水生蔬菜在育种技术、品种的改良、加工保鲜技术提升。

根据国家特色蔬菜产业技术体系对示范基地种植户种植意愿的调查（见图3-1），2020 年，70.42%的水生蔬菜种植者保持现有种植规模不变，23.75%的种植者将扩大种植面积，仅有 5.83%的种植者将缩小种植面积。

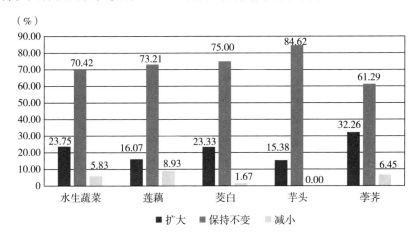

图 3-1 2020 年水生蔬菜种植户种植意愿

资料来源：国家特色蔬菜产业技术体系示范基地调查。

我国目前已有水生蔬菜国家地理标志产品 90 余个，是我国区域性较强的一类特色蔬菜。水生蔬菜对自然环境要求较高，目前只有长江流域和珠江流域能够形成规模化种植，地域性和专业型较强，具有较强的区域优势，是我国特色优势品牌产品。水生蔬菜生产具有鲜明的区域特色，形成了以长江流域为核心，珠江流域、黄河流域为主产区，辐射全国的生产格局。主产省有湖北、江苏、山东、安徽、广西、湖南、江西、福建、浙江等省份。水生蔬菜形成了一批特色优势产区，其中不乏我国特色农产品优势区及非物质文化遗产保护地：蔡甸莲藕、洪湖水生蔬菜、广昌白莲、宝应荷藕、湘潭湘莲、兴化芋头。特色优势区带动周边农民形成了专业村、专业镇，促进了当地农业结构调整，增加了农民收入。

3.1.1.1 莲藕的优势产区

水生蔬菜中分布最广的是莲藕。2019 年中国莲藕产量超过 80 万吨的省份依次是：湖北、江苏、山东、安徽、湖南、广西、四川，共计 7 个省份。分布于长江中下游、黄河流域及西部地区。

莲藕的优势产区主要分布在湖北、广西。湖北省武汉市蔡甸区、湖北省汉川市、湖北省洪湖市、广西壮族自治区柳州市。湖北是我国莲藕生产第一大省，2019年，莲藕种植面积71.67千公顷。湖北最大的莲藕优势产区是汉川，汉川位于湖北中部偏东、汉江下游、江汉平原腹地。汉川的湖泊面积为11.18万亩、塘堰1.67万亩，具有"三分地一分水"的平原湖乡特点，特别适宜莲藕等水生蔬菜种植。2019年全市莲藕种植面积15.8万亩，其中耕地莲藕8.5万亩、低湖塘堰莲藕7.3万亩，亩平单产1980公斤，总产31.3万吨，产值8.6亿元，莲藕产值占种植业产值的60.8%。汉川莲藕种植产量高，品质优，在全国市场有较大的影响力。全市专业从事莲藕种植的农户有2000余户，带动莲藕采挖、运销400余人。汉川莲藕品质最高的是刘家隔、汈汊湖、沉湖、新堰等。该区域湖泊塘堰密布，水资源丰富，地下水位低，是莲藕的传统种植区域，也是绿色食品莲藕种植区域，品质优、效益高。

武汉市蔡甸区是莲藕的特色优势区。2007年蔡甸莲藕获国家地理标志保护产品；2012年蔡甸区被商务部授予"中国莲藕之乡"；2017年被评为中国特色农产品优势区。在加工企业方面蔡甸区取得明显成效，拥有天慧食品公司、绿佳科技有限公司、武汉世林福幸科技发展有限公司等莲藕加工企业，注册了佳博士、贱三爷、五群鸟、银莲湖、旺莲等商标。蔡甸区着重市场建设工作，全区建有26个产地批发市场，分布在莲藕主产街道和乡镇；在武汉市各大超市设立蔡甸莲藕专营柜；此外还通过网络销售平台销售，与阿里巴巴盒马鲜生合作，将蔡甸莲藕以28.6元/公斤的价格出售，增加了利润空间。目前蔡甸区莲藕销售基本形成了以专业合作社、龙头企业、批发市场和产业协会为主的营销网络。

3.1.1.2 茭白的优势产区

茭白是我国特有的水生蔬菜，江浙的太湖流域栽培最多，产业集中度较高。浙江是茭白生产第一大省，茭白种植面积、产量居全国首位，2019年浙江省茭白种植面积为32.65千公顷，产量69.15万吨，产值271236.28万元；茭白产量和面积在全国的比重约为50%。茭白种植面积占浙江省蔬菜种植面积的15%以上，已成为浙江省农村经济发展的一大支柱产业（见表3-2）。

表3-2 2019年我国茭白主要生产基地　　　　　单位：千公顷

排名	省份	主要产区	种植面积
1	浙江省	缙云县	4.01

排名	省份	主要产区	种植面积
2	安徽省	岳西县	3.88
3	浙江省	黄岩区	3.60
4	浙江省	余姚市	2.00
5	湖南省	常德市	1.51
6	湖南省	益阳市	0.91
7	浙江省	桐乡市	0.90
8	湖南省	岳阳市	0.86
9	江苏省	淮安市	0.83
10	浙江省	新昌县	0.87

资料来源：国家特色蔬菜产业体系根据调研整理。

丽水市缙云县是我国茭白传统优势产区，是我国规模最大的茭白生产基地。2019 年，全县茭白种植面积 4.01 千公顷，产量 12.7 万吨，产值 40000 万元，全产业链产值 12.5 亿元，种植面积全省第一。缙云县已成为全国最大的茭白生产基地，从事茭白产业的人员达 3.5 万，占全县常住人口的 10% 左右。茭白产品主要销往外地市场，省内主要销往杭州、宁波、温州、台州等，省外主要销往广州、福建、湖南、江西、四川、安徽、湖北、上海、南京等。经统计，省外市场销量占 50% 以上。2017 年开辟出口市场，加工出口欧盟、美国等国家。

安徽茭白种植面积位居全国第二，2019 年，茭白种植面积达 6.55 千公顷，产量为 17.74 万吨，总产值 58980 万元。安徽省茭白种植面积在安徽水生蔬菜中的规模仅次于莲藕，占全省水生蔬菜种植面积的 15% 以上。安徽省茭白优势产区在岳西县，岳西县平均海拔在 600 米以上，山区夏季温凉的气候资源，高山茭白是该县特色优势产品。2019 年，岳西县茭白种植面积为 3.88 千公顷，总产量 6.65 万吨，总产值 24500 万元。岳西县茭白生产分布 17 个乡镇，88 个行政村，其中专业乡镇 2 个，专业村 21 个，实现了区域化布局，规模化生产。2017 年，岳西茭白被评选为中国名特优产品。安徽省岳西县 2700 公顷的高山茭白通过无公害农产品认证，102 亩通过有机认证。岳西高山茭白成功申报国家地理标志保护产品，该县荣获"全国高山茭白之乡"等称号，茭白产业成为当地支柱产业。

3.1.1.3 荸荠的优势产区

2019 年我国荸荠种植面积约 50 千公顷, 主要分布在广西、安徽、湖北、江西、重庆、浙江、福建等省份 (见表 3-3)。

表 3-3　2019 年我国荸荠主要生产基地　　　　单位: 千公顷

排名	省份	主要产区	种植面积
1	广西	桂林 (荔浦、平乐、贺州八步)	8.00
2	湖北	武汉黄陂区	5.62
3	江西	南昌县、丰城区	4.00
4	安徽	无为县	2.67
5	湖北	孝感市	0.53

资料来源: 国家特色蔬菜产业体系根据调研整理。

广西是我国荸荠生产第一大省, 素有 "世界荸荠看中国, 中国荸荠看广西" 的说法。广西荸荠种植模式为 "早稻—荸荠", 既能保障粮食供给, 又能避免重茬导致的病害问题, 改善土壤, 提升成活率。2019 年种植面积 20 千公顷, 产量 75 万吨。广西荸荠主要集中在桂林市, 桂林市地处亚热带, 气候温和, 属亚热带季风气候, 光照充足, 雨量充沛, 无霜期长, 马蹄品质高、口感好。特色优势产区有荔浦、平乐和贺州八步, 种植面积共 8 千公顷左右, 主要品种是桂粉蹄 1 号、桂蹄 2 号、桂蹄 3 号。荔浦马蹄闻名中外, 2009 年荔浦县马蹄生产获国家马蹄标准化生产示范县, 2010 年荔浦马蹄获得国家农产品地理标志认证[①]。

3.1.1.4 芋头的优势产区

2019 年我国芋头主产省份有福建、湖南、山东、江西、江苏、广西、浙江等 (见表 3-4)。

表 3-4　2019 年中国芋头主要生产基地情况　　　　单位: 千公顷

省份	主要产区	种植面积
江西	上饶市 (红芽芋)	13.3
湖南	永州市	9.80

---

① 资料来源: 荔浦市人民政府网。

续表

省份	主要产区	种植面积
山东	烟台市	6.66
江苏	泰州市	5.33
湖南	郴州市	4.44
山东	青岛市	4.00
广西	桂林市（荔浦、贺州八步）	3.33
山东	威海市	2.67
浙江	永康市	2.00
福建	福鼎（槟榔芋）	1.33

资料来源：国家特色蔬菜产业体系根据调研整理。

广西是芋头的优势产区，2019 年广西全区芋头种植面积 15 千公顷，产量 32.4 万吨。广西荔浦芋头名扬中外，以其绵糯的口感赢得了消费者的青睐。荔浦市荔浦芋的种植范围遍及全县各个乡、镇、村，常年种植面积 1.33 千公顷左右，平均亩产 2000~3000 公斤。荔浦芋头分为七大产区，套种是当地芋头生产的特色。荔浦市重视品牌的创建。2000 年荔浦芋获得了国家工商总局批准《荔浦芋产品证明商标》注册；2001 年获"中国国际农业博览会名牌产品"；2005 年获得了国家质检总局地理标志产品的保护；2014 年荔浦芋获得国家农产品地理标志认证①。2017 年，荔浦芋入选中国名特优新农产品目录及 2017 年中国百强农产品区域公用品牌。荔浦芋头品牌价值高，荔浦芋的价格常年在 6~10 元/公斤，同期均比周边县市高 30%~50%。

3.1.2 我国水生蔬菜的产品结构

中国水生蔬菜包括莲藕、荸荠、芋头、茭白、芡实、菱角、水芹、慈姑、蕹菜、豆瓣菜、藜蒿、蒲菜、莼菜，品种众多。中国水生蔬菜生产以莲藕、荸荠、芋头、茭白为主，如表 3-5 所示。

---

① 国家工商行政管理总局商标局. 地理标志商标兴农十八案例［EB/OL］. sbj. saic. gov. cn/dlbz/tszs/201202/t20120222_ 229202. html.

表 3-5　2016~2018 年莲藕、茭白产业基本情况

产品	年份	种植面积（千公顷）	总产量（万吨）	总产值（亿元）	单产（吨/公顷）	平均亩收益（元）
莲藕	2016	499.69	1086.56	344.58	21.74	4597.25
	2017	500.89	1058.32	309.56	21.13	4120.13
	2018	471.88	947.69	401.41	20.08	5671.07
茭白	2016	59.77	164.74	57.82	18.37	6449.27
	2017	57.70	178.43	64.59	20.62	7462.99
	2018	62.49	199.85	77.34	21.32	8251.61

资料来源：国家特色蔬菜产业技术体系调研估算。

水生蔬菜中生产规模最大的两个品种为莲藕和茭白。莲藕种植面积在水生蔬菜中所占比例逐年下降，产品多元化趋势明显。莲藕占水生蔬菜种植面积的百分比由 2016 年的 68.27% 下降为 2018 年的 54.43%。其他水生蔬菜种植规模缓慢增长。2018 年莲藕种植面积出现下降，主要原因是价格持续下跌，挫伤了农户的种植积极性。2018 年种植面积下滑后市场价格攀升，总产值创近年来最高，为 401.41 亿元。茭白种植面积呈现缓慢上升趋势，单产水平稳步上升，年均增长 7.72%。2020 年荸荠、茭白的扩种意愿最强烈。32.26% 的荸荠种植者、23.33% 的茭白种植者、15.38% 的芋头种植者有扩大种植面积的意愿，2020 年荸荠、茭白、芋头种植面积将有所攀升。莲藕种植者中有 16.07% 有意愿扩大种植面积，8.93% 的种植者有意愿减小种植面积，2020 年莲藕种植面积较为稳定。

3.1.3　我国水生蔬菜市场价格情况

2011~2019 年水生蔬菜市场价格总体呈现增长趋势，其中莲藕年度价格波动幅度较大（见图 3-2）。2011~2019 年，莲藕批发市场价格波动上升。莲藕年度最低价格出现在 2011 年，年度最高价格出现在 2019 年。莲藕批发市场年度平均价格由 4.43 元/公斤增长到 6.71 元/公斤，涨幅 51.47%。随着莲藕生产规模的增长①，2016 年莲藕价格开始下跌，2018 年到达谷底。2016~2018 年莲藕价格持续三年下跌。产品严重滞销，莲藕滞留藕田，种植大户损失惨重，莲藕产业遭受重创。

----

① 莲藕生产技术要求相对茭白等其他水生蔬菜来说容易掌握，田间管理省时省工，技术扩散快，随着需求增长，莲藕生产规模迅速攀升。

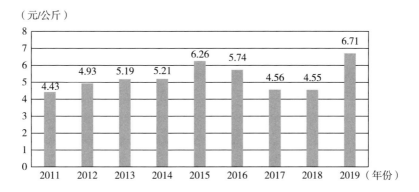

图 3-2　2011~2019 年全国莲藕年度平均价格

资料来源：http：//www.3w3n.com/user/priceCurve/goIndex。

2012~2019 年我国茭白批发市场价格相对稳定，小幅波动攀升（见图 3-3）。2012 年茭白年度批发市场平均价格为 7.43 元/公斤，2019 年为 8.59 元/公斤，涨幅 15.61%。2012~2019 年茭白价格最低点出现在 2015 年，价格最高点出现在 2019 年。茭白生产技术要求高，生产环境要求高，技术扩散慢，生产规模较稳定，市场价格波动小。随着需求增长、劳动力价格攀升，导致市场价格攀升。

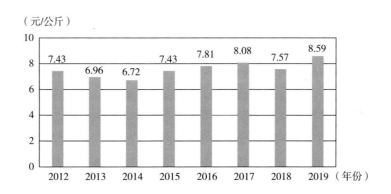

图 3-3　2012~2019 年全国茭白年度平均价格

资料来源：http：//www.3w3n.com/user/priceCurve/goIndex。

2012~2019 年我国芋头批发市场价格经历了两个价格周期，总体价格呈现上涨趋势（见图 3-4）。2012 年芋头年度批发市场平均价格为 3.78 元/公斤，2019 年为 5.07 元/公斤，涨幅 34.13%。2012~2015 年芋头价格波动幅度较大，涨幅高达 31.22%。2015~2019 年波动幅度减小，市场趋于稳定。3~5 年为芋头价格波动的一个周期。

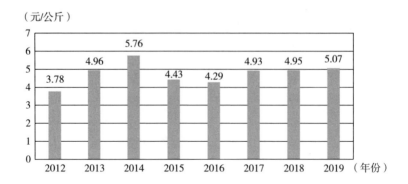

图 3-4　2012~2019 年全国芋头年度平均价格

资料来源：http://www.3w3n.com/user/priceCurve/goIndex。

3.1.4　我国水生蔬菜经营主体类型及经营规模

水生蔬菜生产过程劳动强度大[①]，机械难以满足生产技术要求[②]，人力资本难以替代。水生蔬菜种植环节机械化水平低、专用机械少阻碍生产规模化发展。专用机械的应用能够大幅度提高生产效率、节省人工、扩大最适规模获得规模效益。目前农业生产的机械设备研发和应用最广泛的是粮食作物、蔬菜、水果等高价值农产品机械化水平仍处于较低水平，专用机械研发不足。在中间管理、收获等环节仍需要大量人工，人工成本持续攀升，规模化生产的比较效益低，制约了规模化发展。因此蔬菜、水果等高价值农产品以一家一户分散生产为主。对比使用专用机械的蔬菜产业与无专用机械的蔬菜产业的经营规模，如莲藕产业有专用的采挖设备，单户平均种植面积为 171.05 亩，10 亩以下的占 34.88%，20 亩以下的占 39.53%；茭白无专用机械，单户平均种植面积为 50.01 亩，10 亩以下的占 53.03%，20 亩以下的占 68.18%。荸荠单户平均种植面积为 17.49 亩。芋头

---

① 水生蔬菜生长环境特殊，需要在水环境中生长，上层是水，下层是泥，在水田中劳作劳动强度远大于旱地。有别于水稻，绝大多数水生蔬菜可食部分是根茎，长在水下泥土中，采收难度大，劳动量和劳动难度增加。

② 茭白同期种植，成熟时间不同，种植者凭经验判断采收时间，采收时间掌握不好茭白不具有产品性。

单户平均种植面积为 23.54 亩。一家一户经营的弊端是分散、规模小、不了解市场需求、质量难以管控，分散的小农户集体行动的可能性大大降低，与农户合作的交易成本极高。

生产以小农户为主。2017~2019 年共抽样调查 680 个经营主体，其中，农户占 41%，种植大户占 31%，家庭农场占 13%，合作社占 12%，企业占 3%（见图 3-5）。水生蔬菜经营主体以小农户为主，种植大户、家庭农场的数量不断增加。2018 年，130 个示范县经营水生蔬菜的家庭农场共计 1056 家；2019 年，130 个示范县经营水生蔬菜的家庭农场共计 1181 家，增长 11.84%。水生蔬菜经营规模逐渐提升，农户平均种植面积由 2018 年的 13.40 亩增长到 2019 年的 28.93 亩，增长 115.90%；种植大户平均种植面积由 2018 年的 101.40 亩增长到 2019 年的 132.48 亩，增长 30.65%。

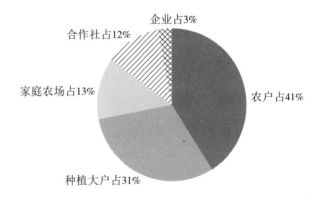

图 3-5　2017~2019 年水生蔬菜经营主体类型

3.2　我国水生蔬菜产业合作契约的历史演进

我国水生蔬菜产业合作契约最初只有古典型契约（市场交易），随着水生蔬菜产业化的发展、消费需求改变，随后涌现了新古典型契约（订单合约），并呈现出向关系型契约（关系契约、股份合作）演进的趋势。在演进过程中多种合作契约形式并存。

3.2.1 市场交易

1993 年，中国特色社会主义市场经济体制全面推行，我国水生蔬菜产品交易以地头市场、产地批发市场为交易场所。当时水生蔬菜在蔬菜中的比重还非常小，主要在产区附近消费，水生蔬菜的加工、出口还未发展。1993～2000 年，我国水生蔬菜主要是在集贸市场交易。

随着大中型城市群人口集聚，水生蔬菜从农村向长三角、珠三角城市运输的量越来越大。2000 年左右逐渐形成了一批水生蔬菜经纪人团队。经纪人到地头收购农户水生蔬菜，向产地批发市场、销地批发市场出售。农户与经纪人仅有产品交易关系，交易价格双方根据获得的信息进行协商，通常为单期交易。2003年后合作社组织快速发展。部分水生蔬菜农户参与合作社组织，但农户有权利选择不卖给合作社，合作社也可以不收购农户产品，合作社与农户间没有强制性条款。农户还可以直接到批发市场销售或卖给经纪人。

参与市场交易的农户种植面积一般较小，交易的产品大多是普通莲藕、芋头、荸荠等品种。市场交易最大的问题是价格不稳定，农户收益波动大、产品品质难以保障。

3.2.2 订单合约

自 2012 年以来，水生蔬菜加工、出口量快速增长，加工企业对水生蔬菜的需求量稳步增长。对于普通品种、一般质量的农产品主要采用市场交易的方式获得，与经纪人、专业合作社保持长期合作关系。对于特殊品种、高质量、特色化的水生蔬菜主要采用订单合约或建立自有基地统一生产的方式。一般订单合约采用随行就市的定价方式。加工企业通常会组建专业合作社负责生产的对接和管理，通过"加工企业+合作社+基地+农户"的组织结构进行订单采购或统一生产（见图 3-6）。

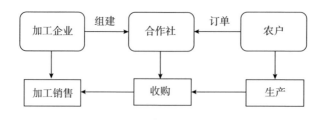

图 3-6　"企业+合作社+农户"

龙头企业订单合约案例

湖北华贵食品集团是一家集水生蔬菜、淡水鱼类种养、研发、加工、储运、销售及农业产业化全程式服务于一体的省级重点龙头企业、湖北省高新技术企业，现为我国最大的藕带加工企业。2012 年开始水生蔬菜加工，年加工藕带、莲子等水生蔬菜及淡水鱼类近 5 万吨，畅销全国各地，产值近 10 亿元。其中年生产"泡藕带"3000 万袋以上；2014 年，"洪湖农家"牌洪湖藕带（泡藕带）获得国家绿色食品认证，同时还被授予"湖北名牌产品"称号。

公司成立了洪湖市华贵莲藕种植专业合作社联合社，合作社注册资金 1100 万元，社员 146 户，均为出资社员。合作社为农户提供农资服务和技术培训，统一种苗和生产标准，与经营面积在 200 亩左右的农户签订订单合同，以最低保护价收购藕带。在与农户的结算方式上，与当地银行联合，每户一卡，收货即付款，款直接打入卡内，及时快捷。

随着我国人民生活水平的提高，消费者在饮食上更加追求个性化、多元化、高质量的食材。"十二五"期间国家科技支撑计划"水生蔬菜高效生产技术研究与示范"促进中国水生蔬菜在技术方面有了迅猛发展，因此，自 2012 年以来水生蔬菜产业迅猛发展。莲藕、茭白、芋头、荸荠、芡实、莼菜、水芹等水生蔬菜成了高端酒店、会所，特别是重要宴请的高端食材。

高端餐饮、酒店所需食材对质量安全、产品外观、口感的要求很高，一般与专业合作社签订标准化订单合同，对产品的质量、包装、清洗、口感、外观、体积等有明确要求；合作社统一苗种，统一生产资料，统一田间管理，统一质量标准，统一销售产品，统一品牌营销；并定期配送（见图 3-7）。通常合作社与酒店、餐饮公司签订购销合同，合作社与农户签订包销协议，采用固定价格定价方式，价格高于市场价格 1.5~3 倍，平均每亩农户可增收 3000 元，但带动农户数量有限。由于有机肥价格高、产量提升不明显，农户经常违反生产技术要求，导致产品不合格，影响收购。

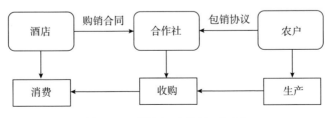

图 3-7　"酒店+合作社+农户"

高端酒店订单合约案例

潜江市潜黄湾莲藕种植专业合作社成立于2015年，是一家专门从事莲藕种植、加工、销售的农民专业合作社，社员800户，出资入股社员180户，带动种植莲藕1000亩。合作社注册了"潜黄湾""西子臂"商标。合作社与酒店签订购销合同，合同中规定产品质量、包装、清洗、口感等要求，合作社要保质保量每周配送两次。合作社与农户签订农产品包销协议，合作期限5年，每年一签，价格每年一议。价格远高于市场价格。合作社聘请专家提供技术指导，按照"六统一"模式开展生产管理，即统一苗种、统一生产资料、统一田间管理、统一质量标准、统一销售产品、统一品牌营销。合作社对农户产品质量、口感要求高，通过合作社开展黄湾莲藕种植，不仅保护了地方特色农产品，更提高了农民收入，扩大农村就业。种植、采收、加工、出售等环节增加就业198人。通过"酒店+合作社+农户"的模式，农民每亩利润达5000元，2016年帮助农民增收300多万元，带动28个贫困户脱贫致富。

种植户即便参与订单合约没有实现风险共担。80%以上订单合约的定价方式是随行就市的价格，市场风险仍由农户承担。订单合约在一定程度上降低了农户的销售风险，但没有达到风险共担的目标。一般农户化解市场风险的做法是减少投资。从调研情况来看，公司、合作社、农户间并不希望建立风险共担的契约关系，他们认为建立行动统一的上、中、下产业链的契约风险高于市场风险造成的损失，他们更希望以灵活性更强的契约方式合作。在定价方式中以随行就市为主。但这对我国农产品供应链质量提升不利，阻碍了小农户与现代农业的有机衔接。

3.2.3 关系契约

随着消费区域的扩散，产地到销地的距离增加，运输量增加、保鲜难度增加。水生蔬菜的产业化发展、消费区域的扩散催生了关系契约的出现。关系契约主要出现在长期、频繁、大量水生蔬菜的交易中。

批发市场需求量大，需要与出货量大、出货稳定的经营主体合作。一般7~12个专业大户组建专业合作社，通过合作社与专业批发市场建立长期合作关系，采用"批发市场+合作社+专业大户+农户"的组织结构（见图3-8）。合作社根据口头协议向批发市场发货，价格根据当天的市场价格而定，价格透明公开，不存在议价。合作社核心社员一般为亲戚、朋友关系，具有丰富的种植经验，很多社员专业种植水生蔬菜长达20年。合作社统一生产资料购买、统一雇工生产、统一销售。参与关系契约的农户一般是专业种植户，种植经验丰富，社交资源广泛。这类人群有可能是村委会成员、外出打工回乡人员、从事过蔬菜批发工作。他们具有人力资本优势，这类人群是少数。关系契约的维持依靠的是双方的资源互补、双方的诚信水平，一旦一方违约另一方将不得不承担损失，没有可寻求的保护。

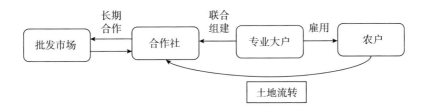

图3-8　"批发市场+合作社+专业大户+农户"

批发市场带动案例

　　汉川莲藕长吴专业合作社成立于2016年，专门从事种植、销售莲藕。合作社社员10户，社员共出资106万元，按出资比例分红。社员均为亲戚朋友关系，具有丰富的种植经验，很多社员专业种植莲藕长达20年。合作社统一生产资料购买，统一雇工生产，统一销售。合作社共种植莲藕共4000~5000亩，每亩土地租赁费用1500元，每年土地成本600万~750万元，采收设备投资12万元。2016~2018年平均销售价格分别为1.20元/公斤、1.20元/公斤、2.40元/公斤。2019年8月达3.60~4.00元/公斤。2016~2017年亏损360万元，正常年份利润可达200万元以上。在价格低谷期，合作社莲藕销售量没有减少，销售价格随市场价格下降。合作社与专业批发市场建立长期合作关系，批发市场需求量大，需要与出货量大、出货稳定的经营主体合作。合作社每天都在向批发市场发货，价格根据当天的市场价格而定，价格透明公开，不存在议价。

3.2.4　股份合作

　　近年来，水生蔬菜产业竞争日益加剧，水生蔬菜生产格局扩散趋势明显，北方地区如河北、陕西、山东水生蔬菜种植规模也在不断增加。水生蔬菜供给量迅速增长，特别是莲藕产量上升最快，出现了价格大幅下跌的情况。水生蔬菜产业竞争加剧促使经营者在产品质量、产品品牌、产品销售和渠道关系方面进行创新，以提高收益、降低风险。此外气候变化导致极端天气频发，水生蔬菜生产的不确定性因素增多，生产风险加剧。农户的社会资源、知识结构难以应对复杂的市场和环境变化，需要公司在技术、渠道等方面的支持。

各级政府在专业村、专业镇、特色优势区引导成立专业合作社，在政府的帮扶下培育了一批有实力的专业合作社。一般这些合作社资金较为充足，既有长期扎根农村生产的年长管理者，也有回乡创业的年轻市场开拓者，通过授权获得地理标志、区域公用品牌的使用权，同时创建自有商品品牌，拥有品牌溢价能力的合作社与专业大户、小农户间形成了较为稳定的合作。合作社与专业大户间订立承包合同，专业大户与小农户间形成固定工资合约，形成了"合作社+专业大户+小农户"的带动模式（见图3-9）。参与股份合作的农户都具有一定的资金实力和社会资本。一般小农户很难参与股份合作。

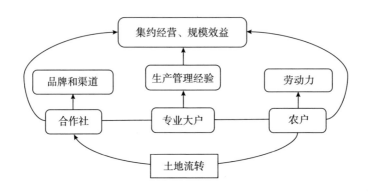

图3-9   "合作社+专业大户+农户"

合作社股份合作案例

武汉市蔡甸区绿色方舟农产品专业合作社成立于 2015 年，位于蔡甸区新帮村，与汉川、仙桃交界，毗邻 318 国道，距汉宜高速北河出口仅 2 公里，区位优势十分明显，以莲藕种植、产地加工、销售为主。该合作社是蔡甸莲藕地理标志产品和区域公用品牌授权使用单位。2018 年合作社共经营 3000 亩的莲藕，其中流转土地 2200 亩，总产量达 600 万公斤，产值 860 万元。该合作社充分利用自然优势、土地资源优势，建立了较为完善的种植、流通体系，打造了高标准种植基地 1500 亩，取得了无公害产地、产品认证，注册了"莲乡虹"商标。合作社采取"合作社+专业大户+农户"的组织形式，合作社负责土地流转、平整、生产资料采购、产品销售。合作社平整土地后承包给 14 户大户种植，合作社统一购买生产资料、统一生产标准，14 户大户负责生产管理，并季节性雇用农户打工。产品使用"莲乡虹"商标销售，主要销往新疆、哈尔滨等地各大超市。此外合作社还与阿里巴巴集团盒马鲜生合作，通过盒马鲜生将产品销往全国各地。

3.2.5 网络销售

网络支付、社交网络平台、短视频的广泛应用，促进了水生蔬菜从产地到消费端的直销（见图 3-10）。莲藕等水生蔬菜富含膳食纤维、生物碱、黄体酮等当代消费者非常青睐的营养成分。特别符合高端消费者对特色产品、健康饮食的需求。地方特色品种口感、品质高，但是产量低。为保证口感和品质，合作社流转土地后进行统一管理，通过微信等网络平台直销。销售价格通常是普通产品价格的 3 倍左右。当基地生产供不应求时，通过订单、临时采购一部分产品。但这部分产品的口感和品质难以保证，经常出现客户收到产品不满意的情况，农户违反生产技术要求，施用过量肥料，导致口感下降。

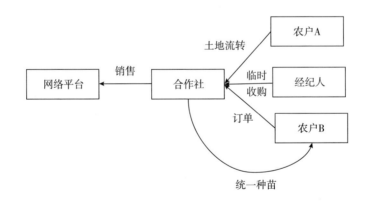

图 3-10　"网络销售+合作社+农户"

网络销售案例

湖北嘉野生态农业有限公司从事野藕种植、保鲜加工、销售、休闲旅游等。公司种植嘉鱼野藕 340 亩，可满足公司 45% 的销售量，剩余 55% 通过经纪人或农户采购。公司投资 120 万元用于田块平整、基础设施建设、购买采收设备，投资 30 万元建设保鲜仓库。公司对农户进行统一技术培训、统一供种、统一收购。野藕风味独特，口感糯粉，野藕种植肥料、农药严格控制，深受消费者喜爱。公司主要通过网络进行销售，剩余部分销往饭店。由于有机肥价格高、产量提升不明显，农户经常违反生产技术要求，导致产品不合格，影响收购。

公司坚持生态、健康、绿色发展的理念，与公司创始人的成长经历、受教育程度、工作经历有很大关系。公司在 340 亩生态野藕种植基地基础上，打造湖北嘉野生态农业园。计划投资 1500 万元，占地 1400 亩，以"野藕"为主题，打造野藕生产、加工、销售、旅游、教学的全产业链，通过整合地区资源、文化，突出特色农产品展示、乡村旅游、野藕美食、民俗活动等带动乡村旅游发展。

部分农户通过网络直接销售，但农户的规模有限，保鲜措施不得当，销售具有明显的季节性。消费者的消费习惯是全年性的，经常出现消费者需要购买的时候，店家无货，因此消费者会转向常年销售的店铺或公司经营的微商。所以农户直营的水生蔬菜网店的出货量是非有限的，也没有实现溢价销售。

3.3 我国水生蔬菜产业合作契约演进的动力机制

3.3.1 我国水生蔬菜合作契约演进的外部动力

3.3.1.1 市场竞争加剧

2017 年，我国水生蔬菜供给量达到顶峰。2012 ~ 2017 年是我国水生蔬菜供给量快速增长的时期，我国水生蔬菜产量由 1148.4 万吨增长至 3498.1 万吨，涨幅达 204.60%。

水生蔬菜供给量迅速增长导致市场风险加剧。2016 ~ 2018 年，我国莲藕价格持续下跌，2016 年莲藕批发市场平均价格为 5.74 元/公斤，2017 年跌到 4.56 元/公斤；2018 年跌到 4.55 元/公斤。地头价格低于成本价，莲藕滞留藕田。2018 种植莲藕物质与服务成本 0.8 元/公斤左右，采挖成本 1.0~1.6 元/公斤，田间收购价 1.0~2.0 元/公斤，为及时止损，部分地区莲藕无人采挖，滞留藕田造成水体、土壤污染，增加生产风险。特别是北方改造旱地建设水田，不少企业资金链断裂，损失惨重。莲藕产业遭受重创，2018 年湖北省莲藕产值损失约 12 亿元。

在市场竞争加剧、价格波动加剧的情况下，很多生产者从生产者导向开始向市场导向转变，经营战略的转变促使生产者与产业链下游建立关系，降低风险。

3.3.1.2 消费需求的转变

随着人民生活水平的提高，市场需求由同质性向异质性转变，市场细分的机会出现，促进合作契约的转变。

消费者对健康、营养、绿色、个性化的高质量食品的需求不断增加。水生蔬菜具有丰富的营养价值；生物特性决定了生产过程中使用农药极少，基本没有农残，被公认为绿色食品。因此水生蔬菜的加工食品需求呈增长趋势。水生蔬菜共计 13 种，莲藕、茭白、荸荠、芋头、菱角、芡实、水芹、蒲菜、莼菜等，特色鲜明，加工产品甚多。最常见的藕粉为例，目前淘宝商城销售知名品牌有"李子柒""三家村""天堂""花姐食养""洪湖水乡"等 37 个品牌，销售量最大的是"李子柒"，月销量 20 多万盒，每盒 350 克，（以 0.08 出粉率计算）一家网店一年销售的藕粉需要 10500 吨鲜藕，一家网店一年需要与 5000 亩左右规模的生产基地建立长期合作。

消费者不仅关注产品的营养价值，还越来越关注食品安全和生产环境。为此中间商、加工企业、出口企业需要紧密与生产者共同协作，进行标准化生产，以满足消费者对产品质量和产品安全的需要。

3.3.1.3 水生蔬菜生产和消费矛盾加剧，需要公司化运营

水生蔬菜生产者需要通过与公司合作来提高其交易能力，从而更贴合消费者的需求。水生蔬菜消费市场扩大，由区域性消费向全球性消费转变。城市化进程拉动人口向大城市聚集，水生蔬菜的主要消费人群从长江流域、珠江流域流动到全球各大中城市。消费习惯、营养健康理念的传播，使消费者越来越关注食品的多样性，消费需求的多元化进一步扩大了水生蔬菜的消费市场。

受生产环境要求的限制，水生蔬菜生产区域受限，造成了区域性生产、全球性消费的流通现状。在国内水生蔬菜面临南方生产、全国消费的流通现状，产销距离变大。水生蔬菜作为鲜活农产品极易褐变，从采挖到运输之间不能超过 24小时。要保持产品新鲜不发生褐变，采收、包装、运输、销售都要有相应的保鲜措施，因此生产、加工、销售各个环节要密切配合。水生蔬菜作为较强出口创汇能力的农产品最主要的出口市场是美国、日本、马来西亚。远距离运输加之出口产品质量要求高，使生产、加工、销售之间必须紧密衔接才能顺利销往海外市场。

受消费升级影响，消费者对农产品的消费呈长期性的特点，消费者对水生蔬菜的需求由季节性转向全年性。而水生蔬菜的采收具有很强的季节性，加之贮存期短，加大了生产和消费的矛盾。要满足常年供应的目标，必须公司化运营。

生产与消费的跨区域的矛盾、生产季节性与消费全年性的矛盾以及保鲜设施规模效益与小规模生产的矛盾，需要通过公司在组织、协调、资金上的支持，合作契约的转变是必然。

3.3.1.4 信息技术变革与广泛应用带来新机会

信息技术的快速发展和广泛应用，推动了水生蔬菜流通、贸易的巨大变革。生产者与消费者可直接建立沟通和联系，通过网络平台销售。生产者还可以与多个中间商、加工企业、出口企业保持合作关系。信息更加透明，沟通更加便捷，加速了市场信息的传递。信息技术的变革和应用为水生蔬菜合作契约的转型提供了有力支撑。

3.3.2 我国水生蔬菜合作契约演进的内在动力

3.3.2.1 分工、专业化发展是水生蔬菜合作契约演变的前提

随着水生蔬菜生产技术、品种研发、保鲜加工技术、专用机械技术的进步，以莲藕为代表的水生蔬菜产业劳动分工逐步深化，专业化发展趋势原来越明显。在无采挖机械以前，莲藕生产的关键因素是劳动力，随采挖机械效率的提高，劳动力在促进生产方面的作用逐渐减弱。而机械化、保鲜技术、渠道资源对水生蔬菜经营效益的影响越来越大。关键要素的变化将导致公司与农户双方权力结构的重组，促进合作契约向更紧密、更长期的形式转变。

随着技术的进步，水生蔬菜产业分工深化、专业化、规模化发展加剧了销售风险，长期、紧密的合作契约关系是规避风险的选择。随着规模效益的提升，莲藕规模化快速发展产生了各种弊端。莲藕生产具有季节性，产品鲜活易腐烂，贮藏期短。大部分产品到了集中上市期只能鲜销。莲藕在常温下极易发生褐变，影响销售。使用新型保鲜剂在0℃~5℃的冷藏条件下，莲藕保鲜期可达30天。藕带、茭白等水生蔬菜保鲜期更短。藕带保鲜期可达15天；茭白常温下仅可保存2~3天，低温气调贮藏可保存40天左右。

3.3.2.2 水生蔬菜增值空间大，合作契约更容易形成高额的合作收益

在新的市场环境下，水生蔬菜农户与公司保持长期合作关系不仅能够在生产资料购买、产品销售中获得规模效益，而且农户凭借其人力、土地资本优势与公司的无形资产相结合，由于水生蔬菜增值空间大，因此双方获得的合作收益大概

率会高于单个经济主体独立运行时的收益。

水生蔬菜的经济效益显著高于粮食作物、大宗蔬菜，是农民增收的重要途径之一。水生蔬菜产品价格高，水生蔬菜每 50 公斤主产品平均出售价格为 163.92元，大宗蔬菜为 95.47 元，水生蔬菜价格比大宗蔬菜高出 71.70%。水生蔬菜每亩净利润是小麦的 497.19 倍、大宗蔬菜的 1.7 倍、苹果的 1.59 倍、柑的 1.10倍。水生蔬菜每亩成本收益率为 76.69%，比大宗蔬菜高出 36 个百分点（见表3-6）。

表 3-6　2017 年水生蔬菜与主要农产品成本收益对比

品种	每亩主产品产量（公斤）	每亩主产品产值（元）	每亩成本利润率（%）	每亩净利润（元）	每亩总成本（元）	每亩物质与服务费用（元）	每亩人工成本（元）	每亩土地成本（元）	每 50 公斤主产品平均出售价格（元）
莲藕	2113.17	5766.68	42.73	1726.34	4040.34	1969.57	1419.30	651.48	136.45
芋头	1929.38	8260.94	113.27	4387.44	3873.50	1791.00	1582.50	500.00	214.08
茭白	2194.61	6419.52	35.97	1698.09	4721.42	1023.63	3027.43	670.36	146.26
荸荠	2540.00	8072.41	114.78	4313.94	3758.47	1309.90	1870.00	578.57	158.91
水生蔬菜平均数	2194.29	7129.89	76.69	3031.45	4098.43	1523.52	1974.81	600.10	163.92
大宗蔬菜平均	3251.68	6209.14	40.09	1776.86	4432.28	1590.48	2528.35	313.45	95.47
苹果	2108.66	6797.22	39.07	1909.61	4887.61	1456.04	3110.95	320.61	161.10
柑	1963.54	6366.52	76.31	2755.60	3610.92	1772.63	1691.58	146.70	161.99
小麦	423.54	1013.74	0.61	6.0972	1007.64	438.65	361.87	207.12	116.59
玉米	501.53	850.69	-17.13	-175.79	1026.48	374.98	441.20	210.30	82.16

资料来源：国家特色蔬菜产业技术体系调研、《全国农产品成本收益资料汇编（2018）》。

由于水生蔬菜比较收益高，水生蔬菜已成为农民脱贫致富的重要产业选择。安徽省岳西县 2700 公顷的高山茭白通过无公害农产品认证，102 亩通过有机认证。岳西高山茭白成功申报国家地理标志保护产品，该县荣获"全国高山茭白之乡"等称号，茭白产业成为当地支柱产业，2018 年岳西县实现提前脱贫。2017~2018 年广西建立水生蔬菜种植基地 50 个，面积约 20000 公顷，每亩增收 1000 元以上。湖北省武当山移民村通过种植鄂莲系列莲藕平均每户收入 1.4 万元。云南省曲靖市会泽县地处山区，该县的低收入户通过引种鄂莲9号实现每亩产值9000元以上。

水生蔬菜容易形成绿色、有机、高质量产品，增值空间大。水生蔬菜具有良好的抗病性，农药残留少，监测合格率高，容易达到绿色、有机产品的标准。2012年，苏州市疾控中心对苏州水八仙进行农药残留监测，莲藕、菱角、茭白、荸荠、慈姑、芡实、莼菜合格率均为100%（马晓艳等，2013）。2018年，农业农村部食品质量监督检验测试中心进行水生蔬菜农药残留测定，结果显示水生蔬菜对33种有机磷农药基质效应不明显（张仙等，2018）。水生蔬菜大多为药食同源作物，具有丰富的营养价值和药用价值。

水生蔬菜可满足消费者对个性化、生态型农产品的需求，能够在短时间内实现高质量发展。水生蔬菜加工食品种类繁多。目前水生蔬菜加工产品主要有：保鲜蔬菜、罐头、腌渍产品、饮品、淀粉、休闲食品等。马蹄罐头出口美国、马来西亚等国家，是我国重要的罐头出口产品。荷叶用于制作荷叶茶，备受消费者喜爱。藕带系列产品作为新兴的水生加工产品，以其新奇的外形和爽脆的口感获得市场认可。莲子、藕带、慈姑、莼菜等加工品食用价值、药用价值高、价格高昂，提高了高端产品的有效供给。

公司与农户从单期的市场交易向长期的订单、关系契约、股份合作转变，动力之一就是水生蔬菜增值空间大，双方合作，通过专业化分工、规模化、高质量发展更容易获得高额的合作收益。

3.3.2.3 水生蔬菜容易形成范围经济，合作契约向长期关系转变是战略选择

由于水生蔬菜具有很高的生态价值，生产环境具有很强的资源禀赋，多是种植在环境优美的水乡，因此水生蔬菜生产极易打造种养结合的生态型生产模式，同时本身具有的观赏价值极易打造观光、采摘、旅游、文化活动。水生蔬菜公司从中发现商机，不仅进行产业链的纵向延伸，也开始横向拓展，从而达到范围经济。在横向拓展中，公司与农户的关系不再是简单的产品交易关系，公司与农户之间通过有形资产、无形资产的结合、互换建立关系型契约，这是公司进一步壮大、发展的战略选择。

水生蔬菜对农业污染、农村生活污水、养殖废水、富营养化水体具有显著的净化效果，广泛应用于净化水体、消纳动物粪便。水芹、空心菜可有效去除农村无序排放污水中的氮、磷（马晓艳等，2013），净化效果显著。每667平方米的莲藕田一年内可以消纳腐熟后的猪粪尿或牛粪尿4000公斤以上或腐熟鸡粪或腐

熟鸭粪 800 公斤以上（张仙等，2018）。茭白田套养鸭子可有效减少肥料和农药的投入量，鸭子取食杂草和害虫，增加了有机肥，减少除草剂和杀虫剂的使用。

水生蔬菜生产场景本身具有观赏价值，具有景观保留作用，被广泛应用于园林水景、美化农村环境等。浙江省嘉兴市秀洲区科学规划、合理布局，建设荷叶绿道，发展水生种养结合模式，构建水体多样性生物品种间的互惠互利关系，形成生态循环，使得水体自净能力得到最大化发挥。

水生蔬菜均有较长的采摘史和栽培史，文化内涵丰富。以莲藕为例，莲既是花卉，又是蔬菜、水果。莲花是我国十大名花之一，莲藕是我国主要 26 种蔬菜之一，莲子鲜食是水果，煮熟是营养佳品。莲在我国有 5000 年的利用史和 3000 年的栽培史，西周《逸周书》记载到"薮泽已竭，即莲掘藕"，表明西周时期已种植、食用莲藕。历代文献中均有广泛记载，涉及佛教、植物学、医学、药学、农学、园林建造、食用方法、文学等。莲承载了洁身自好的价值理念和为人公仆的廉政思想，新时代背景下是值得弘扬的优秀传统文化内涵。

水生蔬菜是地方文化的载体。水生蔬菜是我国传统的蔬菜品种，藕粉、蜜煎藕、糖煎藕、荷叶茶、菱角糕、芡实、慈姑等食品承载了我国独特的饮食文化、传统文化以及地方传统习俗，承载的是乡愁。唐代诗人刘禹锡《采菱行》描述了白马湖畔菱角成熟时节，湖畔男女争相出游的热闹景象。《采菱曲》广为流传，体现了当时人们的生活面貌。张潮的《江南行》写到"茨菰叶烂别西湾，莲子花开犹未还。妾梦不离江水上，人传郎在凤凰山"。描写慈姑、莲花等景观，表达离情别绪。独特的景观、独特的食品、独特的采摘方式，构成了地方特色，为文化农业、休闲农业发展奠定了良好的基础。近年来，我国各地开展的水生蔬菜相关文化活动，主要集中在夏季，主要有荷花节、莲文化活动、茭白节、芋头节、菱文化节等。活动集观光、展览、摄影、绘画、表演、诗歌等多种形式于一体，既推广了地方特色农产品，又创造了旅游收入。

3.4 本章小结

我国水生蔬菜产业"公司+农户"合作契约最初只有古典型契约（市场交易），随着水生蔬菜产业化发展、消费需求改变，随后涌现了新古典型契约（订单合约），并呈现向关系型契约（关系契约、股份合作）演进的趋势。在演进过程中多种合作契约形式并存。呈现出由产品交易向服务、信息交换、要素交换演化的趋势。

技术进步是促进合作契约演变的起点，专业化分工、规模化发展是合作契约演变的前提。合作收益是双方追求的目标。市场细分将促进合作契约向长期、紧密型契约转变。长期、紧密型契约，即稳定性强的合作契约才能保证公司与农户高度协作，生产出高质量产品，促进产业的高质量发展。

外部环境的改变促使水生蔬菜合作契约的演变。在市场竞争加剧、价格波动加剧的情况下，很多生产者从生产者导向开始向市场导向转变，经营战略的转变促使生产者与产业链下游建立关系，降低风险。随着人民生活水平的提高，市场需求由同质性向异质性转变，市场细分的机会出现。中间商、加工企业、出口企业需要紧密与生产者共同协作，进行标准化生产，以满足消费者对产品质量和产品安全的需要。生产与消费的跨区域的矛盾、生产季节性与消费全年性的矛盾以及保鲜设施规模效益与小规模生产的矛盾，需要通过公司在组织、协调、资金上的支持，合作契约的转变是必然的。信息技术的快速发展和广泛应用，推动了水生蔬菜流通、贸易的巨大变革，信息技术的变革和应用为水生蔬菜合作契约的转型提供了有力支撑。

在外部环境的变化下，水生蔬菜合作契约的演变产生了强大的内在动力。首先，水生蔬菜相关技术进步引发了分工深化和专业化发展，这是合作契约进一步演变的前提。技术进步弱化了劳动力的作用，而机械、保鲜、渠道等因素对经营效益越来越重要，关键要素的变化使相应的权力结构发生改变，促使合作契约向更长期、紧密的方式转变。同时专业化发展将促进规模的提升，加剧市场风险和自然风险，为规避风险选择长期、紧密关系是必要的选择。其次，由于水生蔬菜增值空间大，因此双方获得的合作收益大概率会高于单个经济主体独立运行时的收益。最后，水生蔬菜容易达到范围经济。在横向拓展中，公司与农户的关系不再是简单的产品交易关系，公司与农户之间通过有形资产或无形资产的结合、互换建立关系型契约，这是公司进一步壮大、发展的战略选择。

4 我国水生蔬菜合作契约
实施效果及原因

前一章对水生蔬菜产业合作契约的演进和动力机制进行了研究。那么目前我国水生蔬菜不同合作契约实施的效果如何？存在哪些问题呢？本章根据调研、访谈资料对比分析水生蔬菜中农户与公司间建立的合作契约实施的效果，探究造成水蔬菜产业合作契约不稳定的因素有哪些？为下文研究影响合作契约选择和合作契约稳定性的研究做铺垫。

4.1 我国水生蔬菜产业合作契约实施效果

前一章得出结论：稳定性强的合作契约有促进双方协作、产业向高质量发展的作用。一般情况下显性契约更具稳定性。因此本章比较隐性契约与显性契约的实施效果，将市场交易和关系契约合并为一组，统称为市场交易。笔者于2019年4月到湖北、浙江等省份预调研，走访了湖北汉川和浙江金华的农户、企业、合作组织。2019年6~8月开展正式调研，主要调研了湖北、广西两个省份，对部分企业、合作组织、商贩、小农户、种植大户进行半结构性访谈，并随机抽样70户农户开展问卷调查。2019年12月，依托国家特色蔬菜产业技术体系各示范基地进行调研，获得农户问卷264份。共计获得农户问卷330份，经过对契约类型及选择等问题的审核，获得有效问卷269份。

4.1.1 合作契约稳定性

显性契约的合作期限比市场交易的合作期限略高。参与市场交易、订单合约、股份合作形式的农户与公司平均合作时间分别为 4.33 年、5.26 年、5.37 年。由于市场交易组别中含有参与关系契约的农户，拉高了市场交易组的平均合作时间。

订单合约的继续合作意愿相对较低。从继续合作意愿来看，不同合作契约形式下继续合作的意愿都比较高，参与市场交易的农户希望继续合作的占比为 84.78%，参与订单合约的农户希望继续合作的占比为 72.13%，参与股份合作的农户希望继续合作的占 91.67%。比较来看，参与订单合约的农户继续合作意愿低于市场交易、股份合作。说明订单合约中出现的问题相对较多。

不同合作契约形式下，稳定性差异不是很明显。可见显性契约和隐性契约均存在不稳定性的问题。

4.1.2 交易产品质量

公司与农户采用市场交易所交易的产品质量普遍低于采用显性契约所交易的产品质量。采用市场交易水生蔬菜不分级的情况占比 35.33%，产品质量一般的占比 23.91%，产品质量优等的占比 40.76%。采用订单合约销售水生蔬菜不分级的情况占比 29.51%；产品质量一般的占比 3.28%，显著低于市场交易情况下的占比，低 20 个百分点左右；产品质量优等的占比 67.21%，显著高于市场交易情况下的占比，高 27 个百分点左右（见表 4-1）。订单合约与股份合作两个显性契约的情况基本一致。

可见，订单合约、股份合作等显性契约有效提高了产品质量。

表 4-1　不同合作契约下农户经营产品质量比较　　　　单位:%

合作契约	不分级		一般质量		优等质量	
	频数	占比	频数	占比	频数	占比
市场交易	65	35.33	44	23.91	75	40.76
订单合约	18	29.51	2	3.28	41	67.21
股份合作	8	33.33	1	4.17	15	62.50

注：市场交易频数合计 183，订单合约频数合计 61，股份合作频数合计 24，样本量合计 268。

根据合作时间与产品质量的比较可见，合作时间越长交易优等质量产品的比例越高。当合作时间在 0~3 年时，交易优等质量产品的农户占被调查者的比例为 36.30%；当合作时间在 3~5 年时，交易优等质量产品的比例为 47.22%；当合作时间在 5~10 时，交易优等质量产品的比例为 78.18%。说明合作越稳定，经营优等质量产品的可能性增加（见表4-2）。

由此可见，参与显性契约和保持长期合作关系均能够提高产品质量。

表4-2　不同稳定性水平下交易产品的质量比较　　单位:%

合作契约	不分级		一般质量		优等质量	
	频数	占比	频数	占比	频数	占比
0~3 年	51	34.93	42	28.77	53	36.30
3~5 年	11	30.56	8	22.22	17	47.22
5~10 年	12	21.82	0	0.00	17	78.18

注：0~3 年频数合计146，3~5 年频数合计36，5~10 年频数合计29，样本量合计237 个。

4.1.3　交易价格

不同产品价格差别大，分析不同契约形式下产品价格时需要控制产品种类，本部分将产品类型控制为莲藕进行分析。

参与订单合约的农户没有获得产品溢价收益。参与市场交易的农户销售莲藕最高价格平均值为 6.14 元/公斤，而参与订单合约的农户销售莲藕平均最高价格仅为 4.35 元/公斤。一方面是部分农户通过订单销售的产品质量一般，主要用于藕粉加工，对产品外观要求不高，产品销售价格偏低，拉低了平均值；另一方面是农户处于谈判弱势地位，缺乏话语权。参与股份合作的农户获得产品溢价收益。参与股份合作的农户销售莲藕最高价平均值为 6.87 元/公斤，高于市场交易、订单合约合作契约（见表4-3）。在价格低迷时，参与股份合作的农户销售的最低价格高于参与订单合约的农户，与参与市场交易的农户没有显著差异。说明股份合作不仅帮助农户获得产品溢价收益，还帮助农户降低了风险损失。

表4-3　不同合作契约形式下农户莲藕产品价格比较　　单位：元/公斤

合作契约	最高价格	最低价格
市场交易	6.14	2.45
订单合约	4.35	1.80
股份合作	6.87	2.32

由此可见，公司与农户采用订单合约对产品增值没有显著作用，这可能是订单合约的弱稳定性造成的。采用股份合作对产品增值具有显著作用。合作时间越长，销售风险越低，产品增值明显。合作期限超过 5 年，产品增值明显。最低价格 7.46 元/公斤，显著高于合作时间在 0~5 年的价格（见表 4-4）。

表 4-4　不同合作时间农户莲藕产品价格比较　　　　单位：元/公斤

合作时间	最高价格	最低价格
0~3 年	12.39	3.01
3~5 年	7.21	3.01
5~10 年	13.78	7.46

注：市场交易频数合计 183，订单合约频数合计 61，股份合作频数合计 24，样本量合计 268。

4.1.4　生产风险损失

由于不同水生蔬菜的亩产量不同，需要控制产品类型比较生产风险损失。本部分将产品类型控制为莲藕进行分析。

参与市场交易的农户生产风险损失显著高于参与显性契约的农户。在调查农户生产风险损失时，询问农户"生产中由于技术原因导致减产发生，损失最严重的一次每亩产量是多少公斤？"在参与市场交易的农户中，回答小于 500 公斤的占比 10.58%，而参与订单合约的农户莲藕产量没有小于 500 公斤的情况，参与股份合作的农户莲藕产量小于 500 公斤的占比 4.76%（见表 4-5）。以上数据说明，公司与农户采用显性契约合作更加紧密，公司的无形资产（技术、信息、知识）与农户进行了交换，改进种植技术降低了生产风险损失。

表 4-5　莲藕种植户发生严重生产风险时的收获产量　　　　单位：%

合作契约	小于 500 公斤		501~1000 公斤		1001~1500 公斤		1501~2000 公斤		2001 公斤以上	
	频数	占比	频数	占比	频数	占比	频数	占比	频数	占比
市场交易	11	10.58	30	28.85	38	36.54	21	20.19	40	3.85
订单合约	0	0.00	4	18.18	4	18.18	11	50.00	3	13.64
股份合作	1	4.76	11	52.38	7	33.33	2	9.52	0	0.00

注：市场交易频数合计 104，订单合约频数合计 22，股份合作频数合计 21，样本量合计 147。

4.1.5 销售风险

公司与农户采用显性契约所经营的产品保险期明显高于隐性契约下所经营产品的保鲜期。参与市场交易农户的水生蔬菜保鲜期最短，其中小于 1 个月的占比为42.62%，保鲜期为 1~3 月的占比 28.96%（见表 4-6）。参与市场交易农户的水生蔬菜保鲜期小于 3 个月的占比为 71.58%，明显高于显性契约下农户产品保鲜期。

表 4-6 不同合作契约形式下农户水生蔬菜的保鲜期 单位:%

合作契约	小于 1 个月		1~3 个月		4~6 个月		7~9 个月		10 个月以上	
	频数	占比	频数	占比	频数	占比	频数	占比	频数	占比
市场交易	78	42.62	53	28.96	23	12.57	14	7.65	8	4.37
订单合约	22	36.07	26	26.62	12	19.77	29	14.62	1	1.64
股份合作	4	17.39	7	30.43	2	8.69	4	17.39	6	26.09

注：市场交易频数合计 184，订单合约频数合计 61，股份合作频数合计 23，样本量合计 268。

股份合作形式下农户产品保鲜期显著提高。虽然不同契约形式下产品保鲜期绝大部分在 3 个月以下，但是在股份合作形式下，产品保鲜期超过半年的占比高达 43.48%。农户联合后共同出资引进了先进的保鲜技术、投资建设了保鲜设施，显著提高了产品的保鲜期。延长保鲜期后，可实现全年供货、均匀出货，降低市场风险。

价格下跌时，参与显性契约的农户较少出现低于成本价出售。被调查农户被询问"市场行情不好时，收购者提出的收购价经常低于成本价"时，参与市场交易农户选择比较不符合、完全不符合的占比分布为 15.76%、17.39%，两项合计 33.15%。而参与订单合约农户选择以上两项合计占比为 55.00%；参与股份合作农户选择以上两项合计占比为 50.00%。参与显性契约的农户中超过 50.00%没有出现过，或者很少出现低于成本价出售的现象（见表 4-7）。

可见，显性契约有效降低了农户的销售风险。

表 4-7 不同合作契约形式下市场价格下跌时出现农户低于成本价出售的情况

单位:%

合作契约	完全符合		比较符合		一般		比较不符合		完全不符合	
	频数	占比	频数	占比	频数	占比	频数	占比	频数	占比
市场交易	38	20.65	23	12.50	62	33.77	29	15.76	32	17.39

续表

合作契约	完全符合		比较符合		一般		比较不符合		完全不符合	
	频数	占比	频数	占比	频数	占比	频数	占比	频数	占比
订单合约	1	1.67	12	20.00	14	23.33	8	13.33	25	41.67
股份合作	2	8.33	9	37.50	1	4.17	8	33.33	4	16.67

注：市场交易频数合计 184，订单合约频数合计 60，股份合作频数合计 24，样本量合计 268。

4.2 水生蔬菜产业合作契约不稳定的原因

本书在“不完全契约的自我履行机制”中进行了合作契约履行的数学描述。

基于前文分析得出合作契约履行的条件是：

第一，履约收益大于违约收益。

第二，双方反复、多期交易。

第三，被“敲竹杠”的一方能够终止契约。

第四，双方进行了专用性投资，并具备声誉资本。

公司与农户合作契约稳定的前提条件是履约收益大于违约收益。本书的前文分析了合作契约履行与否的直接因素是履约收益与违约收益的比较。影响履约收益与违约收益的因素有：专用性投资、声誉资本、产品溢价能力等。因此合作契约稳定性的作用路径是：专用性投资、声誉资本、产品溢价能力—履约收益与违约收益比较—履约或违约（合作契约稳定性）。基于此框架本节分析合作契约不稳定的原因。

4.2.1 水生蔬菜市场的不确定性

对于普通莲藕等产品保持灵活性可获得更多的投机利润。小农户选择市场交易，其灵活性带来的投机利润往往更高。农户和公司在订立合作契约后能否实施的关键因素是履约的收益是否大于违约收益。通过前文比较不同合作契约的产品销售价格发现，参与市场交易农户的最高销售价格的平均值为 6.14 元/公斤，高于参与订单合约农户的最高销售价格的平均值（4.35 元/公斤）。说明对于大部分农户来说通过订单合约农户没有获得溢价收益。

假设一个农户与公司签订了订单合约，当市场交易的价格高于订单合约时，农户选择市场交易则当期获得的收益更高。

假设一个农户与公司签订了订单合约，公司与农户签订合约规定了收购量，价格以市场价格为准。

如果此时市场价格上涨，农户可能会将次品给公司，把优等质量市场交易出售，获得更高收益。

如果此时市场价格下跌，公司可能提高收购的质量标准，以质量不过关为由拒绝一部分收购量。一部分农户和公司在经历过订单合约中出现各种违约情况后，认识到对于小农户市场交易的灵活性带来的投机利润往往更高。

4.2.2 合作收益与违约成本

水生蔬菜产品分级定价尚不完善，相关市场建设还比较滞后，因此往往优质产品也难以获得优价。

在前文中，分析结果显示显性契约下产品质量有显著的提高，订单合约、股份合作契约形式下经营优质产品的占比分别为 67.21%、62.50%。市场交易形式下经营优质产品的占比仅为 40.76%。再对比不同合作契约形式下产品销售价格，发现平均销售价格与产品质量分布情况不成正比。

这是因为目前优质产品难获得溢价，一些公司也没有能力获得溢价。当公司与农户合作的交易成本高于合作的溢价收益时，合作契约就可能终止。因此产品的分级标准与实施情况影响了农户与公司的合作收益，合作收益不稳定导致合作契约的不稳定。

大部分农户种植面积小，投资少，风险损失小。受专用机械研发滞后、规模化发展受阻的影响，绝大多数农户的专用性水平处于低水平。根据国家特色蔬菜产业技术体系对水生蔬菜的调查，小农户田间设备投资的平均值为 2622.07 元，专业大户田间设备投资的平均值为 59133.31 元。一般农户专用性投资都很低，尤其是实物资产专用性较低。一方面农户缺乏资金进行高标准建设；另一方面不成规模的投资难以获得效益，缺乏投资动机。从事农业生产的农户中很大一部分是兼业农民，农业生产收入占比不足 50%，农户人力资本专用性较低，缺乏学习新技术、扩宽销售渠道、参与股份合作、建立长期合作的动力，应用新设备、新生产资料、新技术的意愿不足。

农户在水生蔬菜种植环节每亩物质资料的投入在 1000~2000 元，假设小农户不计人工、土地成本、机械设备投资的情况下，每亩的现金成本在 1000~2000 元。因此栽培面积越小，农户的投资越少，当发生自然风险、市场风险等情况时，损失也越小。莲藕、茭白、芋头、荸荠每亩平均产量在 2000 公斤以上，当价格上升 0.5 元/公斤时，农户每亩收入增加 1000 元以上。当价格下跌 0.5 元时，农户每亩收入降低 500~1000 元。就目前的投资水平来看，价格波动时，可能的风险损失低于或等于风险收益。所以农户的生产成本越高（生产成本包括物质资料投入和专用性投资），农户与公司间的合作契约越稳定。

4.2.3　合作双方的市场地位

在资产专用性不变的情况下，市场地位越高，外部选择越多，对方行为不确定性下降，从而降低了相关转换成本和风险损失（Macneil，1983）。市场交易的纯交易成本最低，此时治理成本最低的是市场交易。公司与农户市场地位悬殊时，双方采用市场交易是最优选择。农户必须通过联合或者政府干预等措施提升市场地位，才有可能与企业、合作社建立显性契约关系。

造成农户与公司、合作社市场地位悬殊的原因，除农户势单力薄、教育背景差、掌握资源和信息少等原因外，产品市场结构问题也是不容忽视的问题。

我国农产品供给过于同质化，产品市场没有细分，专用品种少，质量分级体系不完善。农户生产的产品几乎没有差别，一般接近完全竞争市场，此时公司选择市场交易效率最高、交易成本最节约。

采用合约或股权合作所经营产品具有共性：符合标准的生产者相对公司需求少，潜在交易对象少，环境不确定性更高。例如，高质量农产品、特色农产品、专用品种的农产品等。由于潜在交易对象少，企业或合作社必须锁定交易对象以保证正常供货，此时可能采取订单、股份合作或纵向一体化的方式。如出口农产品均建立自有基地。在农产品市场中，产品的特性在很大程度上决定了农户与公司间的关系特征，关系特征进一步影响契约选择。因此不同农产品所适宜的契约安排不同。

此外，高质量生产在机械、设备、农资方面投资更高，高质量生产者更多选择显性契约，因为显性契约具有保护其在专用资产方面投资的作用。但生产者并非总能够通过价格溢价和显性契约保护其投资。高质量生产者面临高度的不确定性，质量分级体系、市场监管是关键因素。如果市场环境出现优质不能优价、市场标准不一、以次充好，生产者会更倾向于"生产普通产品+市场交易"的策略。只有在较为规范的市场环境中（产品标准体系建立、市场监管到位、优质优价）才能催生产品市场的细分，产品特异性明显将促进显性契约的建立。

4.2.4 契约精神与声誉资本

公司与农户合作的交易成本极高。小农户专用性投资水平低、守信意识差、机会主义行为难以规避。根据国家特色蔬菜产业技术体系 2019 年针对水生蔬菜的调研，74.76%的小农户表示无论是否有订单合约，会将产品出售给出价最高的交易方；专业种植户表示会违约的占 58.00%。

总体的守信意识不强，小农户的守信意识较差。龙头企业等新型经营主体所带动的农户以专业种植户为主，在重点访谈的 11 家公司中，4 家企业表示考虑与 500 亩以上的农户合作，3 家企业表示考虑与 100~500 亩的农户合作，小农户带动效果不佳。

实践表明，农户的守信意识较差，当出现出高价者 60%以上农户会选择违约将产品卖给出高价者。然而农户、公司、合作社对行业中的经营主体的信任关系是较高的，表现在对行业信任度的评价、对合作伙伴的信任度、对合作伙伴继续合作的意愿方面。说明违约率高不仅是农户守信意识问题，更多的是制度环境问题，整个农产品行业遵循的行业共同认知是：产品应该卖给出高价者，价格应当随行就市，市场价格高就按高价交易，市场价格低就按低价交易。

声誉机制发挥作用的前提是农户进行大量专用性投资、经营规模较大、双方处于熟人网络中。但目前受制于机械化水平，土地规模经营受阻，专用性投资低等因素，声誉机制无法发挥效应，不履行的契约名存实亡。

4.3　本章小结

本章根据合作契约的定义和分类，对我国水生蔬菜产业合作契约实施情况进行了分析，比较了不同合作契约的产品质量、产品价格、风险、稳定性等，总结了水生蔬菜产业"公司+农户"合作契约不稳定的原因。

目前水生蔬菜产业以市场交易、关系契约等隐性契约为主。股份合作、订单合约等显性契约较少。股份合作、订单合约主要存在于一些高价值、高质量产品的供应链中，如有机产品、地方特色小众品种。市场交易、关系契约主要存在于普通产品的供应链中。

比较不同合作契约的实施效果，发现显性契约所经营的产品质量更高、生产风险损失更低、销售风险更低；但农户参与不同合作契约产品销售价格没有显著的改变，甚至出现了参与市场交易的农户产品销售价格更高的情况。农户参与市场交易更具灵活性，投机利润较高。

水生蔬菜产业"公司+农户"合作契约不稳定的原因有：市场价格波动大、波动频繁、投机利润高，农户投资少、风险损失小；农户合作意识差、违约率高；农户与公司的市场地位悬殊、双方很难进行公平的谈判；声誉效应在低专用性、小规模农户间难以发挥作用。

5 水生蔬菜产业合作契约 选择机理研究

本书前文分析了我国水生蔬菜产业合作契约的演化和动力机制，不同合作契约的实施效果以及造成合作契约不稳定的因素。我国水生蔬菜产业合作契约由市场交易向多元化的合作契约形式演化。为什么有的公司与农户仍在采用市场交易？采用不同合作契约的原因是什么？本章从微观主体公司角度考察公司如何选择合作契约？公司在什么情况下会选择显性契约？研究公司在什么情况下会放弃市场灵活性、与农户建立更为紧密关系，对提升农产品供应链质量、带动农民增收具有重要意义。

5.1 交易特征、关系特征与合作契约的选择

5.1.1 交易特征与合作契约的选择

学者关于契约选择影响因素研究主要沿用交易成本经济学、产权理论的理论框架。大部分学者沿用威廉姆森（2016）交易成本经济学框架，从资产专用性、不确定性、交易频率三个维度衡量交易成本，从而为不同类型的交易提供了对应的治理结构。关于显性契约的动机，学术界普遍认同三个主要动机：风险转移、激励一致和节约交易成本。在农业保险不健全的环境下，农户参与显性契约的首要动因是削减风险，其次是减少交易成本、获得高收益。一方面通过签订合同来限制机会主义，如果交易方未能履行承诺则会受到法律制裁；另一方面通过合同可以将风险转移给风险厌恶程度较低的交易方或"低成本风险承担者"

（Cheung，1978；Stiglitz，1974）。

基于此，一些学者通过实证证实随着不确定性的升高，养殖户、家庭农场等经营主体更倾向纵向一体化等紧密的组织形式。丁存振和肖海峰（2019）考察了肉羊养殖户交易特性以及外部环境特征、养殖户个体特征对产业组织模式选择的影响。将产业组织模式分为现货交易、公司购销合同、公司养殖合同、"合作社+养殖户"。实证结果表明资产专用性、不确定性、交易频率越高，养殖户对产业组织模式的选择将由市场交易模式向横向合作社模式再向纵向协作模式转变。涂洪波和鄢康（2018）分析家庭农场纵向协作模式的选择，认为不确定性导致的风险主要是价格波动大、生产风险控制程度，价格波动越大、生产风险控制越难，家庭农场越倾向选择较为紧密的纵向协作模式。

但一些学者认为不确定越高，关系契约比正式合约更能有效地约束机会主义行为。苟茜和邓小翔（2019）建立风险性、规模性、资产专用性与合约选择的研究框架，实证结果表明风险性（不确定性）与合约的纵向一体化呈负相关，资产专用性与合约的一体化呈正相关，规模性（交易频率）与合约纵向一体化呈负相关，社员身份起调节作用。胡新艳（2013）在研究"公司+农户"合作关系治理中得出结论认为环境不确定性越高，合约治理程度越低；环境不确定性越高，关系治理程度越高。

5.1.2 关系特征与合作契约的选择

近年来，学者关于契约选择的研究超越了交易成本经济学和不完全契约理论，从关系特征、市场环境等角度进行了研究。刘馨月和周力（2019）市场结构不同决定了企业或农户是否存在外部选择，并获得外部选择收益。如果企业处于买方垄断地位，市场上的农户是竞争性的，此时企业选择隐性契约的交易成本最低。如果企业处于买方竞争市场中，农户有更多交易对象可供选择，此时企业选择显性契约才能避免临时购买时因专用性投资导致的被"敲竹杠"。王磊等（2019）、黄胜忠和伏红勇（2019）、陈金波（2018）分别从合作伙伴特性、社会交换、心理契约角度研究了机会主义行为的规避，以及信任关系的建立。

根据交易成本经济学解决资产专用性带来的机会主义行为最有效的途径是合约和纵向一体化。现实中水生蔬菜农业公司投资了专用性很强的加工设备、冷藏设施，但市场交易、关系契约等隐性契约关系仍是农业公司与农户间最主要的契约选择。在高水平专用性投资、高度不确定性情况下，水生蔬菜农业公司与农户为何主要选择隐性契约？研究水生蔬菜产业合作契约选择的机理，对提升我国农产品供应链质量和价值链具有重要影响，对实现小农户与现代农业发展有机衔接具有重要意义。交易成本经济学建立"交易特性—交易成本—治理结构"的框架，假定在完全竞争市场中不确定性无限大情况下，着重考察资产专用性对治理结构的影响。而不确定性与资产专用性的关系未明确，因此在实证中出现了相反的结论。在理论上资产专用性、不确定性对契约选择的影响有待进一步明晰。在实践中，公司与农户在何种条件下建立长期稳定的合作关系具有重要意义。

5.2 研究假说

交易成本经济学、不完全契约理论从交易成本、产权、关系契约角度解释契约安排，其中最重要的因素都是专用性资产。威廉姆森（2016）假定不确定性无限大的情况下，研究资产专用性与交易频率如何影响契约选择。但省略了不确定性变化对契约选择的影响。Koopmans 区分了一级不确定性和二级不确定性：一级不确定性和次级不确定性。初级不确定性与外部环境有关，指自然环境与市场的不确定性。二级不确定性与人的行为有关，指的是人的机会主义行为。一级不确定性会引起二级不确定性，此外资产专用性程度加深引起的是次级不确定性。不确定性越强，意味着发生损失的可能性增强，促使契约向纵向一体化演变。

交易频率越高交易成本越高，促使契约向纵向一体化演变。交易重复发生的频率与产品的特性有关，也和企业的规模有关。因此交易频率概念中既包含交易规模，也包含发生的频率。不同行业，例如粮食与蔬菜相比，蔬菜的交易频率更高。在同一行业中，不同企业交易频率不同与其规模有关。因此如果是衡量同一行业不同企业的交易频率使用交易量更能体现差异性。

科斯认为交易成本主要是由于契约的不完全性和信息的不对称导致的，包括信息搜寻、建立关系、筛选产品和交易方、谈判、签约、执行合同、监督成本。威廉姆森（2016）将交易成本分为签约前交易成本与签约后交易成本。提出组织也是一种契约安排，纵向一体化、合约存在一些市场交易中不存在的管理成本，包括建立和运行组织的成本。威廉姆森建立新古典—交易成本经济学综合分析范式，提出在完全竞争市场中，存在范围经济和规模经济的情况下，企业和市场间的选择的关键依据是不同治理结构下生产成本和治理成本①的比较。Dorward（2001）将威廉姆森的治理成本分为三类：纯交易成本（一般意义的交易成本：包括搜索、筛选、同意、监督、执行的成本）、相关转换成本（不同治理结构间生产成本的不同）和风险损失。

5.2.1　资产专用性与治理成本分析

交易成本经济学、不完全契约理论的假设市场结构特点是：交易前完全竞争市场，交易后不完全竞争市场。对不确定性的假设是不确定性无限大。本书结合威廉姆森新古典—交易成本经济学的研究范式以及 Dorward（2001）契约选择模型，分析资产专用性、环境不确定性、行为不确定性如何影响契约选择以及如何改善行为不确定性从而影响契约执行结果。

假设农业企业、农户都是有限理性的，他们只能在有限认知程度上做到主观上的理性。农业生产存在资产专用性问题、环境不确定性和机会主义问题。根据威廉姆森在新古典—交易成本范式中的分析，设定企业的利润函数是：

$$\Pi = R(X) - C(X, K, a) - G(X, K, \beta) \tag{5-1}$$

其中，R 表示总收入，C 表示受产品产量 X 影响的内部生产成本或市场购买的生产成本，a 表示 X、K 对 C 的平衡系数，较高的 a 产生较大的成本，$C_x > 0$，$C_k < 0$，$C_{ka} < 0$，$C_{xa} < 0$。G 表示治理成本，治理成本包括纯交易成本（A）、相关转换成本（F）和风险损失（L）。β 表示 X、K 对 G 的平衡系数。$G_x > 0$，$G_k > 0$，$G_{xk} > 0$。

企业的利润函数为凹函数，此时利润最大化的一阶条件为：

$$\Pi_X = R_K - C_X - G_X = 0 \tag{5-2}$$

$$\Pi_K = -(C_K + G_K) = 0 \tag{5-3}$$

由此可见，若给定资产专用性水平，企业选择边际收益等于边际生产成本与边际治理成本之和的产量作为最优产量。若给定产量水平，企业选择生产成本与治理成本最小时的资产专用性水平。

威廉姆森在离散结构备择形式分析中，设定治理成本为资产专用性（K）和转移参数向量（θ）的函数。令 $M = M(K, \theta)$，$X = X(K, \theta)$，$H = H(K, \theta)$。M、X 和 H 分别表示市场交易、合约、纵向一体化的治理成本。设三个函数的约

---

① 治理成本：威廉姆森在使用治理成本时没有对其进行定义。德姆塞茨主张交易成本这个术语专门用于市场，而治理成本则用于企业，而不是用交易成本对称地描述各种治理形式之间的成本差异。

束条件是在同一资产专用性水平下选择成本最小的治理结构。由于市场在自适应性方面更为优越，当资产专用性趋近为零时，内部组织的管理成本大于混合制的组织成本，两者均大于市场的组织成本，即 M（0）<X（0）<H（0）。随着资产专用性的增加，层级制在协调适应性方面优于混合制，两者均优于市场制，即 M′>X′，X′<H′。于是资产专用性与治理成本的关系如图 5-1 所示，当 $K^* < K_1$ 时，采用市场，当 $K_1 < K^* < K_2$ 时，采用合约，当 $K^* > K_2$ 时，采用纵向一体化。随资产专用性的提高，公司倾向选择显性契约。随资产专用性的提高，农户倾向选择显性契约。

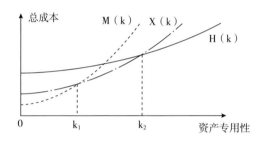

图 5-1　资产专用性与治理成本

由此，提出本章的假说 1：公司与农户的资产专用性水平越高，双方越倾向选择显性契约。公司与农户资产专用性水平差距太大，无法达成显性契约。

5.2.2　市场交易、订单合约、纵向一体化治理成本比较分析

为明确不确定性、资产专用性如何影响契约选择，本书引入一级不确定性（环境不确定性）和二级不确定性（行为不确定性）的概念。一般不同契约形式下生产成本差别很小，假设 C 不变；此时契约选择的决定因素是治理成本的变动，假设不同契约下产品产量 X 不变，根据威廉姆森 1979 年设定治理成本为指数形式，假设市场交易、合约、纵向一体化的治理成本表达式分别为：

$$G^1 = \alpha_1 X[2i + (1-w)\gamma_1]K^\beta + \theta_1 \tag{5-4}$$

$$G^2 = \alpha_2 X[2i + (1-w)\gamma_2]K^\beta + \theta_2 \tag{5-5}$$

$$G^3 = \alpha_3 X[2i + (1-w)\gamma_3]K^\beta + \theta_3 \tag{5-6}$$

其中，α、β、γ、θ 为经济参数。i 表示自然环境风险与市场波动发生的概率[①]，0<i<1；j 表示对方机会主义行为发生的概率，0<j<1；w 表示公司在市场中

---

① 本章仅考虑不确定性带来损失的可能性，不考虑收益的可能性。因此文中不确定性用风险替代。

的地位，w=1 表示公司市场地位最高，处于买方垄断，w=0 表示公司市场地位最低，处于卖方垄断，$0 \leqslant w \leqslant 1$。当 i 越高时，对方机会主义行为的概率越大，当 w 越大时，对方机会主义行为概率越小。令 $j=i+（1-w）\gamma$。

且有：$\alpha_1 > \alpha_2 > \alpha_3 > 0$；$\beta > 1$；$\theta_3 > \theta_2 > \theta_1 > 0$；$\gamma_1 > \gamma_2 > \gamma_3 > 0$。

$G^1 = G^2$ 求得市场交易与合约的临界点：

$$K_1 = \sqrt[\beta]{\frac{\theta_2 - \theta_1}{X[2i（\alpha_1-\alpha_2）+（1-w）（\alpha_1\gamma_1-\alpha_2\gamma_2）]}} \tag{5-7}$$

$G^3 = G^2$ 求得合约与纵向一体化的临界点：

$$K_2 = \sqrt[\beta]{\frac{\theta_3 - \theta_2}{X[2i（\alpha_2-\alpha_3）+（1-w）（\alpha_2\gamma_2-\alpha_3\gamma_3）]}} \tag{5-8}$$

K_1 对 i 求一阶偏导得：

$$\frac{\partial K_1}{\partial i} = \frac{\beta(\theta_1-\theta_2)(2\alpha_1-2\alpha_2)}{2X[2i(\alpha_1-\alpha_2)-(\alpha_1i\gamma_1-\alpha_2i\gamma_2)(w-1)]^2 \sqrt{\frac{-(\theta_1-\theta_2)}{X[2i(\alpha_1-\alpha_2)-(\alpha_1i\gamma_1-\alpha_2i\gamma_2)(w-1)]}}}$$

$$\tag{5-9}$$

因为 $\theta_3 > \theta_2 > \theta_1 > 0$，$\alpha_1 > \alpha_2 > \alpha_3 > 0$，$\beta > 1$，所以 $\beta（\theta_1-\theta_2）（2\alpha_1-2\alpha_2）< 0$。由此可知，$\frac{\partial K_1}{\partial i}$ 恒小于 0。随着不确定性的上升，市场交易与合约的临界点 K_1 取值减小，合约与纵向一体化的临界点 K_2 取值也减小，K_1，K_2 点向左移。资产专用性大于零的情况下，随着不确定性上升，资产专用性可以在更低的水平对契约选择产生影响，即不确定性上升将增大资产专用性对契约选择的影响。不确定性本身并不会导致交易中的实际财务损失风险，这种损失只发生在公司投资了特定资产或固定成本的情况下，这些资产或固定成本在交易失败后无法收回。因此，不确定性和资产专用性是同时影响公司或农户的风险敞口和确定如何使用不同类型的契约安排来降低其治理成本的关键交易特征。一般小农户的专用性投资接近于零，不确定性上升时，他们并不愿意选择正式合约来应对不确定性带来的风险。

由此，提出本章的假说2a：在存在专用性投资且不变的情况下，环境不确定性越高，行为不确定性也上升，公司或农户都更倾向于选择显性契约，不确定性上升将增大资产专用性对契约选择的影响。

假说2b：在专用性投资为零且的情况下，环境不确定性越高，行为不确定性也上升，公司或农户都更倾向于选择隐性契约。

K_1 对 w 求一阶偏导得：

$$\frac{\partial K_1}{\partial w} = \frac{-\beta(\theta_1-\theta_2)(\alpha_1 i\gamma_1-\alpha_2 i\gamma_2)}{2X[2i(\alpha_1-\alpha_2)-(\alpha_1 i\gamma_1-\alpha_2 i\gamma_2)(w-1)]^2 \sqrt{\frac{-(\theta_1-\theta_2)}{X[2i(\alpha_1-\alpha_2)-(\alpha_1 i\gamma_1-\alpha_2 i\gamma_2)(w-1)]}}}$$

$$(5-10)$$

因为 $\theta_3>\theta_2>\theta_1>0$，所以 $-\beta(\theta_1-\theta_2)>0$。因为 $\alpha_1>\alpha_2>\alpha_3>0$，$\gamma_1>\gamma_2>\gamma_3>0$，所以 $(\alpha_1\gamma_1-\alpha_2\gamma_2)>0$。所以 $\frac{\partial K_1}{\partial W}$ 恒大于零。K_2 同理。随着公司的市场地位的上升，市场交易与合约的临界点 K_1 取值增大，合约与纵向一体化的临界点 K_2 取值也增大，K_1，K_2 点向右移。在其他条件不变的情况下，当市场地位上升，资产专用性必须在更高的水平对契约选择产生影响，即市场地位上升会减弱资产专用性对契约选择的影响。如果公司的市场地位非常高，农户处于完全竞争市场中，公司可以随意转换交易对象，公司可以以接近边际成本价格购买原材料，纵向一体化、合约都没有必要。当公司处于买方垄断时，资产专用性对契约选择的影响将失灵。公司市场地位越高，农户机会主义行为越少，行为不确定性下降，公司更倾向选择隐性契约。此时农户市场地位低，公司机会主义行为多，农户更倾向选择显性契约。

由此，提出本章的假说3：公司与农户的市场地位差距越大，公司与农户间达成隐性契约的可能越大。

5.2.3 订单合约与关系契约的治理成本比较分析

比较正式合约与关系契约的治理成本差异。由于正式合约与关系契约的生产成本并没有发生改变，在收益不变的情况下，正式合约与关系契约的选择主要取决于治理成本。假设正式合约与关系契约的治理成本分别为：

$$G^1 = A_1(K, X, \alpha_1) + F(K, X, w) + L_1(i, j_1, K, X) \qquad (5-11)$$

$$G^2 = A_2(K, X, \alpha_2) + F(K, X, w) + L_2(i, j_2, K, X) \qquad (5-12)$$

假设正式合约与关系契约的产量相同，资产专用性水平相同。治理成本包括纯交易成本 A，相关转换成本 F，风险损失 L。纯交易成本 A 是关于 K、X、α 的函数，经济参数 α 是 K、X 对 A 的平衡系数，由于正式合约谈判、制定合同、执行合同过程中产生的交易成本更高，所以 $\alpha_1>\alpha_2$。相关转换成本 F 是关于 K、X、w 的函数，由于正式合约与关系契约同处于一个市场中，资产专用性与产量相同，所以相关转换成本相同。风险损失 L 是关于一级不确定性 i，二级不确定性

j，资产专用性 K，产量 X 的函数。在正式合约和关系契约中，由于环境、市场引起的一级不确定性 i 以及 K、X 相同，但由于机会主义行为引起的二级确定性 j 可能不同。当不存在信任关系时，$j_2 > j_1$，$L_2 > L_1$，$\Delta L > 0$；A2 < A1，$\Delta A < 0$，此时关系契约的治理成本不一定小于正式合约，关系契约难以替代正式合约。当存在信任关系时，随信任关系的上升，可达到 $j_2 = j_1$、$\Delta L = 0$、$\Delta A < 0$，此时关系契约的治理成本小于正式合约，关系契约能够替代正式合约。

由此，提出本章的假说 4：随公司与农户的信任关系越高，行为不确定性下降，关系契约可补充或代替正式合约。

5.3　案例研究

本部分选择多案例研究方法。案例研究有助于剖析细节问题，解释"为什么"的问题。与大样本分析方法相比，案例研究获取的信息更加丰富、详细、深入，分析过程更为聚焦。此外，多案例研究有助于进行对照比较，在反复对照、比较的过程中验证命题，提高命题的有效性（周振和孔祥智，2017）。笔者于 2019 年 6~8 月对湖北、广西两个省份水生蔬菜加工公司、合作社、种植大户进行半结构化访谈，走访多家公司、合作社。本节选择 8 个湖北和广西水生蔬菜公司作为案例进行比较分析。A1~A3 主营产品是莲藕及其加工品，公司都流转大面积土地，建立自营基地进行产品种植、加工和销售，主要采取纵向一体化的经营方式。B1~B2 主营野藕、马蹄，主要采用商品订单的方式锁定原料供应。C1~C3 主营产品分别是马蹄及加工品、莲藕及加工品，公司均主要采用市场交易的方式购买原材料，如表 5-1 所示。

表 5-1　案例公司简介

编号	名称	成立年份	组织形式	主要经营方式	契约形式
A1	广西贺州瑞羊农业开发有限公司	2017	"公司+合作社+农户"	公司流转经营 4000 亩莲藕种植基地，支付土地流转费，并优先雇用农户到基地工作。使用土工膜种植双季莲藕，主营莲藕种植、销售、加工、休闲旅游	纵向一体化

续表

编号	名称	成立年份	组织形式	主要经营方式	契约形式
A2	湖北彬鸿食品有限公司	2011	"公司+合作社+农户"	公司从事莲藕、子莲、菱角、茭白生产、加工及销售。公司自营基地2800亩	纵向一体化
A3	湖北惠致农贸有限公司	2011	"公司+协会+基地+农户"	公司以鲜藕、藕带种植、加工、销售于一体的现代农业公司。自有莲藕种植基地约2.2万亩，辐射面积达到3万亩	"纵向一体化+商品订单+关系契约"
B1	湖北嘉野生态农业有限公司	2015	"公司+基地+农户"	公司流转土地340亩雇工种植嘉鱼野藕，另外向经纪人和农户采购一部分。与农户签订订单合同，对农户提供农业社会化服务	"纵向一体化+商品订单+服务"
B2	广西平乐宏源农业发展有限公司	2013	"公司+合作社+农户"	公司主要经营马蹄加工。公司成立合作社，合作社收购普通社员的产品。合作社为社员垫付土地、生产资料、雇工等费用，最终交易时抵扣。合作社为社员提供农业社会化服务	"纵向一体化+商品订单+服务+资金"
C1	广西荔浦马岭镇水岭工业园	1998	"公司+经纪人+农户"	公司主要从事马蹄及马蹄罐头等产品加工和出口。公司主要采用市场化交易方式收购马蹄进行加工。出口产品建立出口备案基地1000亩	"纵向一体化+市场交易"
C2	湖北荆门绿普旺高新农业股份有限公司	2013	"公司+经纪人/合作社+农户"	公司从事莲藕、藕带、茭白加工销售，主要产品是腌制藕、泡藕带、清水藕片等。原材料主要通过经纪人采购	"纵向一体化+关系契约+订单采购"
C3	湖北监利县益农科技有限公司	2014	"公司+经纪人/合作社+农户"	公司从事莲藕、藕带加工销售，主要产品有泡藕丁、泡藕片、泡藕带。原材料主要通过合作社、经纪人采购	"纵向一体化+关系契约"

　　水生蔬菜公司的实物资产专用性程度高。A1～C3实物资产专用性都非常高，设施设备投资最高达9000万元。主要表现在农田基础设施改造、加工设备投资、保鲜仓储投资和专用采挖机械上，用途较为单一，但契约选择以市场交易为主。实物资产专用性与契约选择之间并没有体现出线性关系，需要从公司与农户双边的交易属性进行进一步解释。

5.3.1 资产专用性、不确定性与契约选择

本节选取的 8 个案例中，6 个经营莲藕及莲藕加工品，2 个经营马蹄及马蹄加工品。根据货源结构将契约选择分为三类：以自营基地为主的纵向一体化形式；以订单合约为主的正式合约形式；以关系契约和市场交易为主的隐性契约形式，如表 5-2 所示。

表 5-2　交易特征

代码	主营产品	货源结构	实物资产专用性	产品专用性	不确定性	交易规模
A1	鲜莲藕及莲藕加工品	100%自营基地生产	完成 3000 亩高标准农田建设，完善水肥一体化设施，投入 600 万元购买莲藕专用采挖机 21 台，自动冲洗机 4 台，大型耕作机械 6 台，泥沙分离机 12 台	高质量产品销售范围窄，种植规模小，且分散	错季上市有效规避了价格波动的风险。高标准生产要求存在一定的技术风险	年销售鲜藕、加工藕共计6000~8000 吨
A2	鲜莲藕及莲藕加工品	100%自营基地生产	建设 2800 亩自营基地。针对水生蔬菜保鲜仓储投资 1000 万元，水生蔬菜田基础设施投资 420 万元。水生蔬菜加工设备投资 500 万元	九孔莲藕专用性强	莲藕价格波动频繁。高质量九孔莲藕的生产管理存在一定的技术风险	年加工莲藕产品 1000 ~1500 吨
A3	鲜藕及莲藕加工品	50%左右自营基地生产；45%关系契约；5%商品订单	专用机械：莲藕采挖设备，莲藕加工设备。自有莲藕基地 2.2 万亩。公司拥有 4 条生产线，高温冷库 1000 吨，低温冷库 500 吨	原料主要是普通品种。没有质量等级划分。少量莲藕条所需原材料为专用产品	汉川市莲藕原材料供应充足。农户种植技术纯熟，技术风险较低	年销售鲜藕、加工藕共计 10 万吨左右
B1	鲜野藕	36%自营基地生产；64%订单合约	专用机械：无（野藕需要人工采挖）建设自营基地 340 亩，合作农户 600 亩。针对莲藕种植、田间管理、收获机械设备投资 120 万元，针对莲藕保鲜仓储投资 30 万元，改造莲藕田基础设施投资 60 万元	经营嘉鱼野藕，地方特色品种	野藕的风味与肥料施用有关，农户不按照技术要求管理导致产品外观、风味改变。野藕能否溢价销售存在不确定性	年销售野藕525~600 吨

续表

代码	主营产品	货源结构	实物资产专用性	产品专用性	不确定性	交易规模
B2	马蹄粉、肥料、牛肉	1%自营基地生产；99%垫付生产并回购	无专用机械，人工成本极高。固定资产投资8000万~9000万元，其中马蹄粉加工设备投资4000万元	粉马蹄是专用品种	粉马蹄价格在2~3元/公斤波动。粉马蹄种植技术较为纯熟，技术风险小	年产马蹄粉1200吨，年消耗新鲜马蹄约1.2万吨
C1	马蹄加工品	10%自营基地生产；90%采购	种植马蹄缺乏专用机械。建设出口备案基地1000亩，专门用于出口马蹄的生产。投资保鲜仓储设施和加工设备5000万元	产品使用普通马蹄即可，质量、品种没有特殊要求	价格一般在2~4元/公斤波动，最低1元/公斤，最高10元/公斤。马蹄种植技术较为纯属，技术风险较小	年加工马蹄3万吨
C2	鲜藕及莲藕加工	20%自营基地生产，80%采购	种植专用机械：莲藕采挖设备。流转种养基地面积2780亩，主要用于微型藕繁育、藕—鳅共生生态种养模式。加工厂占地60亩，加工设备投资3000万元	采用保底订单，带动112户农户开展种养结合生产模式	莲藕价格波动幅度较大。藕—鳅共生生态种养模式存在技术风险。生产成本高，能否溢价销售存在不确定性元	年加工水生蔬菜4340吨，其中1350吨通过商品订单采购，2122吨通过长期合作采购
C3	鲜藕及莲藕加工	20%自营基地生产，80%采购	种植专用机械：莲藕采挖设备	原材料为普通品种，无需专用品种。没有质量等级划分	莲藕价格波动幅度较大。湖北种植莲藕的技术非常纯熟，技术风险较低	年加工水生蔬菜1000吨，其中800吨通过经纪人、合作社采购

　　双边资产专用性水平越高，越容易形成显性契约。莲藕机械化水平高于马蹄，采挖时采用专用的采挖设备，莲藕种植户的规模在100亩以上，专用机械设备每台2000~3000元，专用性投资水平较高。马蹄缺乏专用机械，马蹄种植户的规模在5亩左右，专用性投资近乎为零。经营莲藕与马蹄公司专用性投资都比较高，加工生产线投入在3000万左右；公司单边专用性投资水平与公司与农户间契约形式没有呈现线性关系。莲藕采收水枪机大幅度提高了莲藕采挖的效率，节约人工成本。公司使用专用机械设备，纵向一体化生产成本下降幅度大于商品

订单或现货交易的生产监督成本、搜寻成本的增加时，纵向一体化是最优选择，A1、A2、A3、B1、C2、C3 这 6 家莲藕公司自营基地比例最低为 20%。随种植规模进一步增加公司种植规模效益下降，公司需要通过采购满足加工需要。莲藕种植户与公司的专用性投资水平都比较高，相当于都投入了"抵押品"，为防止对方的机会主义行为，双方更容易形成显性契约关系，所以莲藕及相关加工品行业显性契约的比例更高。与莲藕产业对比，马蹄种植农户专用性投资水平近乎为零，马蹄加工公司自营基地比例不超过 10%，这些农户没有规避风险的动机，因此以市场交易为主（见表 5-3）。

表 5-3　双边资产专用性与契约选择

类型比较	实物资产专用性		产品专用性		契约选择
	公司	农户	公司	农户	
莲藕	强	强	弱	弱	长期合作（C2、C3）
莲藕	强	强	强	强	纵向一体化、商品订单（A1、A2、A3）
马蹄	强	弱	弱	弱	市场交易（C1）
马蹄	强	弱	强	强	商品订单（B2）

　　当双方均存在专用性投资时，环境不确定性越高，公司与农户更倾向达成显性契约（见图 5-2）。专用性投资可以是对专用机械设备的投资，也可以是生产专用性强的产品。假设专用性投资水平一致，环境不确定性（包括市场价格波动、市场竞争程度、技术风险）升高，市场、合约、纵向一体化相应的治理成本都增加。市场的协调适应性最差（α 值最高），市场的治理成本上升最多，其次是合约、纵向一体化。C2 累计投资共计 4000 万元，发展"藕—鳅"生态种养模式示范基地 2780 亩，采用保底订单，带动 112 户农户开展种养结合生产模式。"藕—鳅"生态种养模式生产成本更高、产品专用性更强、管理技术要点更精细，市场销售风险大、技术风险高。经营异质性产品环境不确定性更高（C2 与C3 对比；B2 与 C1 对比），合约、纵向一体化治理成本上升幅度较小。当纵向一体化的生产成本损失大于商品订单的治理成本损失时，商品订单是最佳选择。此时农户依赖公司的销售渠道和溢价能力，公司依赖农户的比较成本优势，促成订单合同的制定与执行。

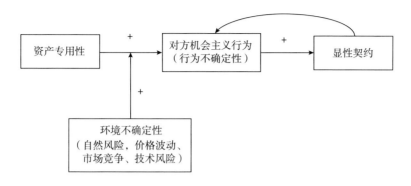

图 5-2　存在专用性投资时资产专用性、不确定性与契约选择

当专用性投资为零时，市场交易的自适应性最强，治理成本最小。农户在专用性投资接近零的情况下，市场价格波动越大，农户机会主义行为的收益远高于机会主义行为的成本，由此引发的行为不确定性更高。公司与农户缔约成本增加，处理纠纷耗费人力和财力，隐性契约交易成本更低。马蹄种植户平均规模在5 亩左右，专用性投资近乎为零。普通马蹄价格波动幅度较大，平均价格在 2~4 元/公斤波动，但最高价达到 10 元/公斤，最低价仅为 1 元/公斤。农户违约成本为零，任何显性契约关系都会形同虚设，最终采用市场交易或关系契约。C1 与多个大户、合作组织、经纪人以市场交易进行采购，规避小农户行为的不确定性（见图 5-3）。

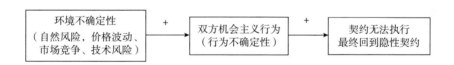

图 5-3　专用性投资为零时不确定性与契约选择

5.3.2　关系特征、不确定性与契约选择

公司和农户契约选择的目标都是规避风险和降低交易成本，在特定环境中选择最节约交易成本、规避风险的契约形式。前文论述了交易特征影响治理成本从而影响契约选择。资产专用性、环境不确定性在短时间内难以改变，本部分论述如何影响行为不确定性降低治理成本，从而影响契约选择。

5.3.2.1 市场结构、行为不确定性与契约选择

本书市场结构指的是公司与农户的相对市场地位，即市场的竞争和垄断关系。在资产专用性不变的情况下，市场地位越高，外部选择越多，对方行为不确定性下降，从而降低了相关转换成本和风险损失。市场交易的纯交易成本最低，此时治理成本最低的是市场交易。公司与农户市场地位悬殊时，双方采用市场交易是最优选择。农户必须通过联合，或者政府干预等措施提升市场地位，才有可能与公司建立显性契约关系（见表5-4）。

表5-4 市场结构、信任关系与契约形式

代号	契约形式	指标	特征与证据
A1	纵向一体化	市场结构	所在乡镇无其他同类公司； 当地种植双季藕的种植户比较多，但种植标准不一，产品质量参差不齐
		信任关系	公司创始人为外地投资商，公司成立时间三年，尚未与农户建立互相信任关系
		交易成本	高质量莲藕在市场上的搜寻成本、生产监督成本较高。大规模莲藕田多功能性显著，价值提升空间大
A2	纵向一体化	市场结构	所在乡镇有5~6家同类公司； 种植一般质量、一般品种莲藕的农户、合作社很多
		信任关系	九孔莲藕没有农户种植，没有建立信任关系
		交易成本	九孔莲藕在市场上的搜寻成本、生产监督成本较高。规模化生产可获得规模效益，随规模增加生产成本下降。纵向一体化可降低九孔莲藕的交易成本和生产成本
A3	"纵向一体化+订单合约+关系契约"	市场结构	汉川经营莲藕的公司10余家，全县莲藕种植面积15.8万亩，产量30万吨以上。该公司年消耗鲜莲藕占全县总产量的30%~50%
		信任关系	与种植大户建立互相信任关系，种植大户种植面积在1000亩以上
		交易成本	专用机械的使用促使公司达到规模效益。公司原材料需求量是波动的，由此公司通过长期合作、现货交易获取一部分原材料
B1	"纵向一体化+订单合约+服务"	市场结构	当地种植、收购鲜藕的经纪人、合作社、公司很多。种植、收购野藕的较少。经营野藕的公司仅此一家
		信任关系	种植野藕规模较小，农户常出现违约行为
		交易成本	野藕种植标准与普通莲藕不同，需要施用有机肥，生产成本高。同时监督农户生产的成本也比较高。该公司实现了产品的溢价，收益增加部分高于交易成本的增加

代号	契约形式	指标	特征与证据
B2	"纵向一体化+订单合约+服务+资金"	市场结构	位居全国马蹄粉加工公司前三名。所在乡镇仅此一家。种植粉马蹄的农户也较少
		信任关系	公司通过垫资、回购获得种植大户的信任
		交易成本	粉马蹄种植缺乏专用机械，人工成本高。由于种植粉马蹄的人很少，公司需要垫付资金生产，签订合同，以保证原材料供应。加工品溢价远高于交易成本的增加
C1	"纵向一体化+市场交易"	市场结构	所在乡镇加工马蹄罐头、水煮马蹄等产品的公司有2~3家。广西种植马蹄的合作社、种植户很多
		信任关系	未与农户建立稳定的相互信任关系
		交易成本	买方垄断，市场交易成本最低
C2	"纵向一体化+关系契约+订单合约"	市场结构	荆门市莲藕加工企业聚集；湖北省莲藕种植户较多，供应量充足
		信任关系	与专业合作社、经纪人、600亩以上农户长期合作
		交易成本	潜在交易对象众多，长期、频繁交易形成的信任关系取代了合约，降低交易成本。特殊产品需要订单采购
C3	"纵向一体化+关系契约"	市场结构	监利县莲藕加工企业聚集；湖北省莲藕种植户较多，供应量充足
		信任关系	与专业合作社、经纪人、种植大户长期合作
		交易成本	潜在交易对象众多，长期、频繁交易形成的信任关系取代了合约，降低交易成本

采用合约或纵向一体化契约方式的产品具有共性：外部选择小、产品专用性强、多功能性显著、溢价空间高。符合标准的生产者相对公司需求少，潜在交易对象少，环境不确定性更高。A3位于湖北汉川，汉川从事莲藕生产、销售、加工企业有10余家，全市莲藕种植面积常年在15万亩以上，年产量30万吨以上。A3年产莲藕即食食品5万吨，鲜藕初级加工3万吨，年消耗鲜莲藕10万吨左右。企业加工量大，加工订单季节性与鲜藕上市的季节性存在冲突，为保证原材料长期稳定供应建立2.2万亩自有种植基地和贮藏冷库。公司生产莲藕条所需莲藕品种特殊，潜在交易对象少，通过商品订单锁定1000亩以上的交易对象，规避原材料供应不足的风险。C2位于湖北荆门，水生蔬菜加工企业集中度较高。C2所需高质量莲藕通过商品订单采购保底价收购，普通莲藕通过与600亩以上大户长期合作价格随行就市。公司在农产品市场中，产品的特性很大程度上决定

了农户与公司间的关系特征，关系特征进一步影响契约选择。因此不同农产品所适宜的契约安排不同。

5.3.2.2 信任关系、行为不确定性与契约选择

从关系治理角度来看，在潜在交易伙伴的更广泛的网络中，值得信赖的行为会得到奖赏，不值得信赖的行为会受到惩罚（Poppo 和 Zenger，2002）。在重复、长期交易中，交易双方会以未来交易的期望来约束当期行为。由此，依赖于信任和声誉的自我执行协议"经常取代"正式合同。建立信任关系，双方行为不确定性降低，风险损失下降。当关系契约的风险损失小于等于合约的风险损失时，关系契约以节约交易成本优势成为最优选择。案例中 A3、C2、C3 与农户建立信任关系。10 个左右专业大户通过资金入股的方式组建专业合作社，单个合作社经营规模达 1 万亩以上，增强了产品供应能力，提高了市场地位，专业大户间多是亲戚、朋友关系，彼此相互熟知，处于熟人网络中，声誉效应能够发挥作用。前提是农户都进行了大量的专用性投资，包括实物资产投资和人力资本的投入。公司依赖合作社长期、稳定、优质的货源，合作社依赖公司长期、稳定的销售量。在频繁、长期交易中建立信任关系，关系契约关系以低交易成本取代合约关系。

5.4　本章小结

本章为解释水生蔬菜产业合作契约选择行为，建立交易特征、关系特征与契约选择的框架。通过数理演算和多案例分析，得出以下结果：

第一，采用合约或纵向一体化等显性契约的产品具有共性：外部选择小、产品专用性强、多功能性显著、溢价空间高，如高质量、专用品种、个性化特色产品。应根据不同产品匹配不同契约形式，不能盲目鼓励公司与农户建立显性契约。

第二，公司选择合作契约形式的路径是产品技术特征—交易特性、关系特征—成本与收益的比较—合作契约形式。

第三，双边资产专用性越高，公司与农户越形成显性契约关系。公司与农户专用性投资差距越大，越不容易形成显性契约关系。

第四，在公司与农户均进行了专用性投资的情况下，不确定性升高有助于双

方建立更加紧密的契约关系。在农户专用性投资近乎为零的情况下，不确定性升高农户机会主义行为更加频繁，显性契约的治理成本极高，此时隐性契约更多。

第五，公司与农户市场地位悬殊，公司处于买方垄断，公司的潜在交易对象众多，采用市场交易是最优选择。农户必须通过联合，或者政府干预等措施提升市场地位，才有可能与公司建立显性契约关系。

第六，在频繁、长期交易中建立信任关系，关系契约以低交易成本取代或补充正式合约。

由此可见，水生蔬菜产业以隐性契约为主的原因是：①大多数农产品公司处于买方垄断，公司外部选择众多，市场交易是最节约交易成本的方式。②公司与农户间专用性投资水平差距巨大，公司为避免对方违约，一般不会选择实物资产专用性、产品专用性都很低的农户建立显性契约。③市场波动大加剧了机会主义行为，建立显性契约的契约成本高。④公司与专业大户在长期交易中形成了信任关系，以低成本的关系契约取代了正式合约。

6 农户特征与合作契约形式选择的实证研究

在合作契约的选择中农户一般处于被动地位，公司处于主导地位。什么样的农户参与了显性契约？什么样的农户参与了隐性契约？如何提升农户参与显性契约的参与率？

基于"认知—意愿—行为"的研究框架，本章从选择意愿为研究起点，与真实选择进行对比，发现真实选择与意愿存在巨大差异，验证了水生蔬菜农户在参与合作契约中是被动的，主动权主要在公司。

农户的合作意愿对合作契约形式没有显著的影响。公司在不同合作契约下选择什么特征的农户呢？到底什么样的农户能够参与显性契约？使用国家特色蔬菜产业技术体系对水生蔬菜农户的调研数据，本章实证研究农户特征与合作契约形式的匹配。

以往学术界从不同角度对农户参与订单合约的决策进行了研究，对订单合约的参与决策、履约决策的研究比较多（侯晶和侯博，2018；刘馨月和周力，2020；朋文欢和黄祖辉，2017）。近年来，不少学者关注小农户与现代农业衔接问题，韩喜艳等（2020）分析了小农户参与农业全产业链的决策偏好以及其异质性来源，从农户特征、家庭特征、风险偏好角度分析了异质性来源。何一鸣等（2019）研究农户家庭经营组织模式决定机理，认为农户选择定租契约、工资契约、分成契约与交易特性和行为能力有关。学者关注了农户在不同显性契约间的决策行为，但现实中农户显性契约参与率低，"风险共担、利益共享"的分配机制没有建立，这是亟待解决的问题。鲜有学者关注农户在市场交易、订单合约、股权合作等不同契约形式间的决策行为。农户选择不同的契约形式，关键在于哪个契约形式能够满足其偏好，达到效用最大化。本文基于真实选择使用 MNL 模型引入年龄、受交易程度、兼业程度、经营规模、风险偏好、守信意识等个人特征和偏好等因素，分析不同农户特征与合作契约形式的匹配。

6.1 水生蔬菜产业合作契约的选择意愿与实际参与率

6.1.1 农户参与合作契约的选择意愿

加工产品日益增多，但产业上游、中游、下游的连接不够紧密。国家特色蔬菜产业技术体系 2019 年对水生蔬菜产业调查发现，农户参与合作契约的意愿较强，但实际参与率非常低。在 269 份有效样本中，有 189 户愿意参与订单合约，占被调查者的 69.20%；有 142 户愿意资金入股新型经营主体，共担风险、共享收益，占被调查者的 52.0%；有 129 户愿意土地入股新型经营主体，共担风险、共享收益，占被调查者的 47.2%。

6.1.2 合作契约的实际参与率

实际参与情况调查显示农户与其他经营主体的契约关系是市场交易的占比高达 68.40%，订单合约占比 22.68%，股份合作占比 8.92%（见表 6-1）。各经营主体间采取随行就市的市场买卖交易。导致大部分作物种植与加工脱节，产品质量难以提升；采收、贮运衔接不恰，产品损耗难以控制；种植生产、加工工艺与产品需求脱节，产品销售不畅市场风险大。

表 6-1 契约选择统计①

单位:%

契约选择	频数	占比	累计
市场交易	184	68.40	68.40
订单合约	61	22.68	91.08
股份合作	24	8.92	100.00
合计	269	100.00	

资料来源：调查数据整理所得。

---

① 对市场交易与关系契约的分类进行检验，结果显示市场交易与关系契约没有显著性差异，需要合并。因此对样本的分析中分为三类。

6.2 不同合作契约形式下农户特征比较

6.2.1 不同合作契约形式下农户年龄比较

参与市场交易的农户年龄偏高。参与市场交易的农户平均年龄为 50.82 岁，参与订单合约的农户平均年龄为 48.44 岁，参与股份合作的农户平均年龄为 43.96 岁（见表 6-2）。

表 6-2 不同合作契约形式下农户年龄特征 单位：岁

合作契约 \ 年龄	平均值	标准差	最小值	最大值
市场交易	50.82	8.31	27	75
订单合约	48.44	7.90	30	64
股份合作	43.96	8.22	29	57

6.2.2 不同合作契约形势下农户经营规模比较

参与市场交易的农户经营规模最小。参与市场交易的农户平均种植面积为 75.71 亩，低于参与订单合约农户平均种植面积（114.64 亩）、参与股份合作农户平均种植面积（158.09 亩）。参与不同合作契约的农户的种植面积分布情况如表 6-3 所示。参与市场交易的农户种植规模较小，10 亩以下的占比高达 52.17%。

表 6-3 不同合作契约形式下农户经营面积分布 单位：%

合作契约 \ 经营面积	10 亩及以下	10~50 亩	50~100 亩	100~200 亩	201 亩及以上
市场交易	52.17	17.40	8.69	10.33	11.41

续表

合作契约 \ 经营面积	10亩及以下	10~50亩	50~100亩	100~200亩	201亩及以上
订单合约	31.15	26.23	9.63	14.76	18.03
股份合作	12.50	12.50	20.83	33.34	20.83

参与订单合约的农户种植规模高于市场交易、低于股份合作农户的经营规模，参与订单合约农户种植规模小于10亩的占比为31.15%。参与股份合作农户75%的种植规模高于50亩，超过100亩的占比为54.17%。在参与股份合作的农户中有4位被调查者种植水生蔬菜面积小于10亩，经查看问卷发现其中1位被调查者还经营其他蔬菜，总共面积400亩，其他3位被调查者将家庭承包地中大部分入股合作社，剩余小部分土地自己经营。

6.2.3 不同合作契约形式下农户专业化程度比较

参与市场交易的农户专业化程度偏低。参与股份合作农户的特色蔬菜占总收入的88.6%，高于市场交易（65.1%）、订单合约（69.8%），如表6-4所示。

表6-4 不同合作契约形式下农户水生蔬菜收入占家庭总收入的比率 单位:%

合作契约 \ 收入占比	平均值	标准差	最小值	最大值
市场交易	0.651	0.364	−0.116	1.667
订单合约	0.698	0.303	0.231	1.000
股份合作	0.886	0.246	0.067	1.000

6.2.4 不同合作契约形式下农户守信意识比较

参与市场交易的农户守信意识较低。守信意识分为5个等级，数值越高代表守信意识越强。参与市场交易的农户守信意识平均得分为2.201，参与订单合约的农户守信意识平均得分为2.525，参与股份合作的农户守信意识为2.417（见表6-5）。参与订单合约和股份合作的农户的守信意识没有显著差别。

表 6-5　不同合作契约下农户的守信意识

合作契约 ＼ 守信意识	平均值	标准差	最小值	最大值
市场交易	2.201	1.078	1	5
订单合约	2.525	1.199	1	5
股份合作	2.417	1.084	1	5

6.3　研究假说

6.3.1　农户兼业程度、种植规模与合作契约选择

多个学者从交易成本角度考察农户契约选择，农户个人特征和选择偏好未被考虑，因此出现了相反的结论。新制度经济学提出选择不同契约的本质是在约束条件下寻求交易成本最小化，为契约选择提供了具有说服力的理论框架（Williamson，1979；Klein 等，1978）。理论界普遍认同契约的三个主要动机：风险转移、激励一致和节约交易成本。自 Hobbs 于 1995 年第一次测量了交易成本后，国内学者陆续实证检验了交易成本对契约选择的影响。屈小博和霍学喜（2007）、黄祖辉等（2008）、应瑞瑶和王瑜（2009）分析了信息成本、谈判成本、执行成本等因素对农户销售行为的影响，三类交易成本对契约选择均具有显著影响，对规模农户与小农户的影响存在差异。交易成本测量困难且具有主观性，在现实中发现交易成本与契约形式并不完全匹配。Williamson 通过交易特性来刻画交易成本，资产专用性、不确定性、交易频率越高，治理成本越高，从而影响契约选择。Dorward（2000）将 Williamson 的治理成本分为纯交易成本（包括信息成本、谈判成本、执行成本），相关转换成本（不同治理结构间的生产成本变化）和风险损失（不同情况下风险发生带来的损失）。他将农户基本特征、治理成本、交易特征纳入一个整体的分析框架，强调了农户自身特征和风险对契约选择行为的影响。部分学者通过实证检验了随市场价格风险、生产风险等因素上升，将促进农户选择纵向一体化模式（丁存振和肖海峰，2019；涂洪波和鄢康，2018）。部分学者得出了相反的结果：风险性与纵向一体化呈负相关，风险性越高，关系治

理程度越高（苟茜和邓小翔，2019；胡新艳，2013）。农户对合作契约形式的选择可能存在异质性，因此出现了相反的结论。

很多学者使用 Logit 或 Probit 模型，考察了农户及家庭特征、生产经营特征对订单合约签约行为的影响（Birthal 等，2005；Masakure 和 Henson，2005；翁贞林等，2009；Zylbersztajn 等，2003；蔡荣和蔡书凯，2013）。学者发现专业化程度能够显著影响农户参与订单行为，当农户生产经验越丰富、生产年限越长、兼业程度越低时，农户参与订单合约的积极性越高。种植规模显著影响农户订单合约参与行为（Zylbersztajn 等，2003；蔡荣和蔡书凯，2013；卢昆和马九杰，2010）。

由此，提出本章的假说1：农户兼业化程度越低，农户参与显性契约的积极性越高。

假说2：农户种植规模越大，农户参与显性契约的积极性越高。

6.3.2 农户风险偏好与合作契约选择

有学者发现农户契约选择偏好存在异质性。朋文欢和黄祖辉（2017）在研究农户合同履约行为时，发现契约安排与农户偏好存在异质性。一些学者认为农户的异质性来自其风险偏好。有学者测量了农户的风险偏好对农户契约决策的影响，结果显示风险厌恶型农户选择契约交易的可能性较高（Franken 等，2009；赵翠萍，2009；朋文欢和黄祖辉，2017），相较于商品契约，风险厌恶型农户更倾向选择生产契约（Zheng 等，2008；孙艳华等，2010）。但有学者研究结果与预期相反，Wang 等（2011）调查山东蔬菜产业并进行实证分析，结果显示风险偏好型农户更倾向参与订单合同，并未解释原因。刘馨月和周力（2020）研究发现规模户和小农户的风险态度对契约选择决策存在差异。风险异质性在规模户中表现较为显著，规模户风险厌恶程度越高，越倾向选择规避生产风险的契约形式。小农户主要关注价格风险的规避，倾向选择规避价格风险的契约形式。陈茜等（2019）研究认为禀赋异质性对农户风险偏好产生影响。此外，有学者发现农户对契约安排属性的偏好存在异质性，研究发现固定价格条款会降低农户的效用，农户并不愿意选择这样的契约安排；农户对签订合约表现出较强的意愿，基础设施条件、农户的风险偏好以及家庭劳动力禀赋的差异是农户偏好异质性的主要来源。韩喜艳等（2020）以小农户为视角研究小农户参与农业全产业链的选择偏好，采用选择实验法，证实了小农户契约选择行为具有异质性，兼业程度、家庭纯收入、收入在村中所处水平是异质性偏好的主要来源。

由此，提出本章的假说3：风险偏好程度越高，小农户越倾向参与隐性契约。

假说4：风险偏好越高，专业大户越倾向参与显性契约。

国内外学者对农户参与订单合约的行为决策进行了全面的研究，但对不同契约形式间选择的研究较少。大多数研究从交易成本、交易特性的角度分析，并出现了相反的结论，忽视了农户的参与意愿和偏好。本书主要关注农户特征、风险偏好与契约选择的关系。

6.4　研究方法与数据来源

6.4.1　研究方法与模型

农户通过契约选择希望获得最大效用。农户 n 面临三个可供选择方案：市场交易、订单合约、股份合作。可以选择多项 Logit 模型、多项 Probit 模型、混合 Logit 模型等，由于 Probit 模型没有闭合解，实际应用存在一些不便，因此本节选择应用更广的 Logit 模型。本部分仅涉及个人属性，且符合 IIA 假设，因此使用 MNL 模型。根据效用理论，农户（决策主体）n 从众多方案中选择方案 i 是因为方案 i 的效用比其他任何一个方案的效用更高。用 U_{in}、U_{kn} 表示方案 i 和方案 j 的效用，农户 n 选择方案 i 的概率记为 $P_n(i)$，表示当选择 i 的效用高于其他所有方案效用事件发生的概率。

$$P_n(i) = P(U_{in} > U_{kn}),\ \forall k \neq i \tag{6-1}$$

任意方案的效用都可分为确定部分（V_{in} 和 V_{kn}）和随机部分（ε_{in} 和 ε_{kn}）。确定性的部分是可观测得到的方案属性，随机部分是不可观测的。相应的效用函数为：

$$U_{in} = V_{in} + \varepsilon_{in}、U_{jn} = V_{jn} + \varepsilon_{jn} \tag{6-2}$$

将式（6-2）代入式（6-1）得到式（6-3）：

$$P_n(i) = \Pi_{j \neq i} P(\varepsilon_{jn} < \varepsilon_{in} + V_{in} - V_{jn}) \tag{6-3}$$

假设式（6-3）中所有 ε 之间均相互独立，随机变量 ε_{kn}、ε_{in} 服从参数 U = 0、β = 1 的 Gumbel 分布，用 X_{1n}、X_{2n}……表述决策主体 n 相关的属性（年龄、职业、性别等），经过推导得到多项 Logit 模型（MNL）的表达式：

$$P_n(i) = \frac{\exp(\beta_i X_{in})}{\sum_{j=1}^{J} \exp(\beta_j X_{jn})} \tag{6-4}$$

多项 Logit 模型的可观测效用函数表示为：

$$V_{ni} = ASC + \beta_i X_{ni} \tag{6-5}$$

6.4.2 数据来源

本书以水生蔬菜产业为研究对象，样本来自全国水生蔬菜主产区。笔者于 2019 年 4 月到湖北、浙江等省份预调研，走访了湖北汉川、浙江金华的农户、企业、合作组织。2019 年 6~8 月开展正式调研，主要调研了湖北、广西两个省份，对部分企业、合作组织、商贩、小农户、种植大户进行半结构性访谈，并随机抽样 70 户农户开展问卷调查。2019 年 12 月依托国家特色蔬菜产业技术体系各示范基地进行调研，获得农户问卷 264 份。共计获得农户问卷 334 份，经过审核，获得有效问卷 269 份。

6.4.3 样本统计描述

实际参与情况调查显示农户与其他经营主体的契约关系是市场交易的占比高达 68.40%，订单合约占比 22.68%，股份合作占比 8.92%（见表 6-6）。各经营主体间以隐性契约为主，采取随行就市的市场买卖交易。

表 6-6 契约选择统计表

契约选择	频数	占比（%）	累计（%）
市场交易	184	68.40	68.40
订单合约	61	22.68	91.08
股份合作	24	8.92	100.00
合计	269	100.00	

资料来源：调查数据整理所得。

总体来看，水生蔬菜种植户老龄化严重，受教育水平普遍偏低，守信意识较差、存在机会主义行为；向规模化、专业化发展方面表现良好，农户总体接近风险中性。

如表 6-7 所示，水生蔬菜经营者以 45~55 岁为主，占被调查者的 50.93%。参与股份合作的农户平均年龄为 43.958 岁，比参与市场交易、订单合约的平均年龄低 5~6 岁。水生蔬菜经营者受教育程度普遍偏低，以小学、初中学历为主，占比分别为：26.39%、52.04%，不同契约选择下农户平均受教育程度差异不大。水生蔬菜种植平均面积为107.487亩，规模化发展趋势明显，参与市场交易的农户种植面积为75.709亩，低于参与订单合约农户平均种植面积（114.639亩）、参与股份合作农户平均种植面积（158.092亩）。水生蔬菜经营专业化程度较高，水生蔬菜收入占比平均为71.18%。参与股份合作农户的特色蔬菜占总收入的88.59%，高于市场交易（65.07%）、订单合约（69.79%），与兼业程度基本一致。农户守信意识普遍不高，存在违约的可能性，参与显性契约的农户守信意识高于参与市场交易的农户，但参与订单合约和股份合作的农户没有显著差异。农户总体接近风险中性，调研数据显示参与市场交易的农户多数是风险厌恶者，而通常认为风险厌恶者会通过显性契约降低风险，风险态度对农户的影响可能存在异质性。

表6-7　个人特征与合作契约

个人特征	契约选择	平均值	标准差	最小值	最大值
年龄	市场交易	50.821	8.305	27.000	75.000
	订单合约	48.442	7.901	30.000	64.000
	股份合作	43.958	8.220	29.000	57.000
受教育程度	市场交易	1.989	0.767	1.000	4.000
	订单合约	1.918	0.686	1.000	3.000
	股份合作	2.167	0.949	1.000	4.000
蔬菜收入占比	市场交易	0.651	0.364	−0.116	1.667
	订单合约	0.698	0.303	0.231	1.000
	股份合作	0.886	0.246	0.067	1.000
种植面积	市场交易	75.709	147.714	0.400	1170.000
	订单合约	114.639	181.368	2.000	1100.000
	股份合作	158.092	140.140	4.000	560.000
兼业情况	市场交易	0.451	0.498	0.000	1.000
	订单合约	0.279	0.450	0.000	1.000
	股份合作	0.125	0.333	0.000	1.000
守信意识	市场交易	2.201	1.078	1.000	5.000
	订单合约	2.525	1.199	1.000	5.000
	股份合作	2.417	1.084	1.000	5.000

续表

个人特征	契约选择	平均值	标准差	最小值	最大值
	市场交易	2.799	0.983	1.000	5.000
风险偏好	订单合约	3.016	0.642	1.000	5.000
	股份合作	2.958	0.615	2.000	5.000

注: 年龄=岁。受教育程度: 小学及以下=1、初中=2、高中=3、大专及以上=4。蔬菜收入占比=特色蔬菜净收入/家庭净收入。种植面积=亩。兼业情况: 无兼业=0、兼业=1。守信意识: 其他收购者出高价, 您会将产品卖给出高价者? 完全符合=1、比较符合=2、一般=3、比较不符合=4、完全不符合=5。风险偏好: 不接受任何风险=1、低风险低收入=2、正常风险正常收入=3、较高风险较高收入=4、高风险高收入=5。

6.5 模型估计结果分析

在离散选择研究中, 可以研究个人意愿选择, 也可以研究个人实际选择行为。鉴于农户合作契约选择的意愿与实际选择行为存在巨大偏差, 农户选择意愿普遍高, 但实际参与率低。可能的原因是部分农户未能接触到新型经营主体, 或被新型经营主体排除在合作范围外。为厘清农户实际的选择偏好以及什么特征的农户能够被吸纳到显性合作契约中, 本章研究个人实际选择行为。考虑兼业程度与收入比、年龄与受教育程度可能存在共线性问题, 故剔除收入比和受教育程度。将年龄、兼业程度、种植面积、风险偏好以及守信意识作为个人属性, 考虑以上因素对其选择行为的影响。

本章使用 SATA15 软件进行模型估计, 借鉴李振杰和韩杰 (2019) 多元 Logit 研究方法, 使用 Multinational Logit 模型, 分析不同个体特征的农户契约选择行为的影响, 得到 Model1 (见表6-8)。Model1 各变量通过了联合显著性检验, 均在1%水平下显著; 市场交易、订单合约、股份合作三个组显著不同, 均在1%水平下显著, 模型可以分为三类; 模型没有拒绝 IIA 假设, 组间独立无相关, 可以使用多项 Logit 进行拟合。模型通过 LR 检验, LR chi2 (10) = 161.65, prob>chi2 = 0.000; Pseudo R^2 为 0.123, 拟合效果良好。加入交互项风险偏好×兼业程度、守信意识×兼业程度得到 Model2 和 Model3, 三个模型变量系数和显著性一致, 模型稳健性较好。

表 6-8　模型估计结果 1

变量	Model1		Model2		Model3	
	变量系数	标准误	变量系数	标准误	变量系数	标准误
订单合约	—	—	—	—	—	—
ASC	0.090	0.688	−0.585	0.712	0.717	0.726
年龄	−0.034***	0.011	−0.035***	0.011	−0.039***	0.012
小农户/规模农户	−0.950***	0.205	−1.049***	0.212	−0.904***	0.203
兼业程度	−0.436**	0.213	1.840***	0.683	−2.140***	0.553
风险偏好	0.211**	0.103	0.459***	0.127	0.222**	0.105
守信意识	0.202**	0.080	0.207**	0.081	0.023	0.097
风险×兼业	—	—	−0.761***	1.221	—	—
守信×兼业	—	—	—	—	0.638***	0.184
股份合作	—	—	—	—	—	—
ASC	3.977***	1.101	3.532***	1.133	3.881***	1.117
年龄	−0.111***	0.018	−0.111***	0.018	−0.109***	0.018
小农户/规模农户	−2.074***	0.415	−2.135***	0.429	−2.151***	0.429
兼业程度	−0.949**	0.413	0.431	1.389	−0.17	0.907
风险偏好	0.047	0.168	0.197	0.190	0.055	0.166
守信意识	0.024	0.119	0.032	0.119	0.003	0.127
风险×兼业	—	—	−0.464	0.434	—	—
守信×兼业	—	—	—	—	−0.331	0.375
Pseudo R²	—	0.123		0.133		0.135
Log likelihood	—	−574.355		−568.182		−567.009

注：*表示在10%水平下显著，**表示在5%水平下显著，***表示在1%水平下显著。

　　计算个体特征变量对契约选择的平均边际效应得到表 6-9。当其他变量不变年龄增加 1 岁，农户选择市场交易的可能性增加 0.96%，选择股份合作的可能性降低 0.70%，对订单合约选择的影响不显著。计算年龄在 30 岁、40 岁、50 岁、60 岁、70 岁时的边际效应，如图 6-1 所示，随年龄增加，参与股份合作的可能性会下降，参与市场交易的可能性会增加。但年龄越大，对契约选择的影响越小。在 40 岁以前，随年龄增加参与订单合约的可能性会提高，但超过 40 岁，参与订单合约的可能性会降低，并且年龄越大参与的概率越低。

表 6-9　个体特征对契约选择的平均边际效应

变量	市场交易		订单合约		股份合作	
	dy/dx	标准误	dy/dx	标准误	dy/dx	标准误
年龄	0.0096***	0.0017	−0.00263	0.0017	−0.0070***	0.0012
小农户/规模农户	0.2227***	0.0326	−0.1010***	0.0324	−0.1217***	0.0294
兼业	0.1020***	0.0363	−0.0464	0.0347	−0.0556*	0.0289
风险偏好	−0.03118*	0.0175	0.0335**	0.0164	−0.0023	0.0116
守信意识	−0.02900**	0.0135	0.0327***	0.0126	−0.0037	0.0080

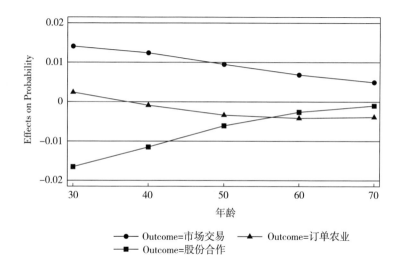

图 6-1　年龄的平均边际效应

　　其他变量不变，小农户比专业大户选择市场交易的可能性增加 22.27%，选择订单合约、股份合作的可能性分别下降 10.10%、12.17%（见表 6-9）。从兼业程度来看，兼业农民比专业农民选择市场交易的可能性增加 10.20%，选择订单合约和股份合作的可能性分别下降 4.64%、5.56%（见表 6-9）。总体来看，小农户选择市场交易、订单合约、股份合作的概率分别为 0.836、0.142、0.022。规模农户对以上三种合作契约的选择概率分别为 0.533、0.311、0.156（见表 6-10）。

表 6-10 合作契约选择的预测概率

变量	市场交易	订单合约	股份合作
守信意识=1	0.736	0.175	0.088
守信意识=3	0.654	0.252	0.094
守信意识=5	0.453	0.390	0.157
风险厌恶	0.851	0.113	0.036
风险中性	0.676	0.230	0.094
风险偏好	0.605	0.309	0.086
小农户	0.836	0.142	0.022
规模农户	0.533	0.311	0.156
兼业	0.806	0.165	0.029
非兼业	0.608	0.265	0.127

由表 6-9 可知，守信意识每增加 1 单位，选择市场交易可能性下降 2.90%，选择订单合约的可能性增加 3.27%。比较不同守信意识水平下农户选择不同契约的概率（见表 6-10），随守信意识的提高农户参与订单合约和股份合作的概率均显著提高，信守承诺的农户更有可能参与显性契约，更容易被合作社、公司接纳，这是农户个人偏好存在异质性的重要来源之一。风险偏好程度每增加 1 单位，选择市场交易的可能性下降 3.12%，选择订单合约的可能性增加 3.35%（见表 6-9）。随着风险偏好程度上升，农户选择订单合约和股份合作的概率均增加，但股份合作的选择概率随风险偏好先上升后下降（见表 6-10）。考虑风险偏好、守信意识与农户兼业程度、农户身份存在交互效应。添加交互项生成 Model2、Model3（见表 6-8）。

Model2 风险偏好的估计系数均为正，风险偏好与兼业程度的交互项均为负。说明随着风险偏好程度上升，样本总体更偏好订单合约、股份合作，但兼业农户随风险偏好上升更偏好市场交易，兼业农户与专业农户在风险偏好对其契约选择行为方面存在异质性。风险偏好程度每增加 1 个单位，小农户和规模农户选择市场交易的可能性分别下降 2.79%、3.66%，选择订单合约的可能性分别增加 2.78%、4.01%。守信意识对小农户契约选择行为的影响程度远低于对规模农户的影响，当守信意识每增加 1 个单位时，小农户和规模农户选择市场交易的可能性分别下降 2.64%、3.38%，选择订单合约的可能性分别增加 2.69%、3.94%。

进一步分析种植规模如何影响农户契约选择。构建 Model4，加入种植规模变量，各变量通过了联合显著性检验，均在 1% 水平下显著；模型没有拒绝 IIA 假设，组间独立无相关，因此可以使用多项 Logit 进行拟合。模型通过 LR 检验，LR chi2（8）= 148.35，prob>chi2 = 0.000；Pseudo R^2 为 0.113，模型拟合效果较好。计算种植面积对契约选择的边际效应：种植面积增加 1 个等级，农户选择市场交易的概率降低 9.13%，选择订单合约的概率增加 4.43%，选择股份合作的概率增加 4.70%；种植面积的提升显著增加订单合约、股份合作的参与率。加入面积平方项，构建 Model5，得到面积一次项系数均为正，平方项系数为负，说明随着种植面积的增加，选择订单合约和股份合作的概率先增加再降低，呈倒 "U" 形关系。当种植面积达到某一规模后，种植面积再增加不会进一步提高显性契约的参与率（见表 6-11）。

表 6-11　模型估计结果 2

变量	Model4		Model5	
	变量系数	标准误	变量系数	标准误
订单合约	—	—	—	—
ASC	−2.348***	0.732	−3.542***	0.701
年龄	−0.030***	0.011	−0.034***	0.011
面积	0.394***	0.066	1.548***	0.366
风险偏好	0.330***	0.103	0.313***	0.106
守信意识	0.248***	0.732	0.229***	0.080
面积平方项	—	—	−0.187***	−0.057
股份合作	—	—	—	—
ASC	−0.875	1.139	−3.467**	1.721
年龄	−0.105***	0.018	−0.108***	0.018
面积	0.799***	0.117	2.760***	0.805
风险偏好	0.291*	0.167	0.274	0.169
守信意识	0.101	0.118	0.071	0.118
面积平方项	—	—	−0.292***	−0.112
Pseudo R^2	—	0.113	—	0.125
Log likelihood	—	−581.002	—	−572.894

计算不同种植面积水平下风险偏好对契约选择的边际效应，如图6-2所示。随着种植面积的增加，风险偏好对契约选择的影响均加剧了。值得注意的是随种植面积的增加，风险偏好对订单合约、市场交易的边际效应的绝对值先增加再降低，降幅微小。种植面积为等级4时（51~100亩），风险偏好对订单合约的边际效应最高，为5.44%。当种植面积进一步增加，风险偏好对订单合约的边际效应降为5.19%、4.42%。说明当种植面积超过100亩后，风险偏好对订单合约选择行为的影响敏感度略有降低。同理，在种植面积为等级5（100~200亩）时，风险偏好对市场交易的影响最大（风险偏好增加1，选择市场交易的概率降低7.26%），种植面积超过等级7（大于300亩）后，风险偏好对市场交易选择行为影响的敏感度也略有下降。随种植面积的增加，风险偏好对股份合作的影响持续扩大，种植面积的增加不断加剧风险偏好对股份合作选择行为的影响。

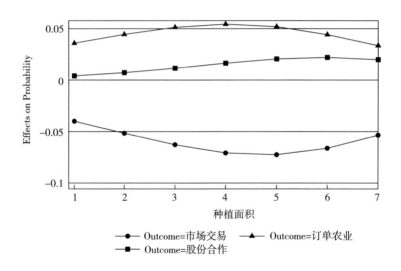

图6-2 不同种植面积下风险偏好的平均边际效应

计算不同种植面积水平下守信意识对契约选择的平均边际效应，如图6-3所示。随着种植面积的增加，守信意识对市场交易、订单合约的平均边际效应均有所加剧。即种植面积增加将增强守信意识对契约选择的影响，但对股份合作的影响不显著。由图6-3可知，随着面积增加，守信意识对订单合约、市场交易的边际效应先增长再回落。在面积超过等级5（100~200亩）后，守信意识对市场交易、订单合约的影响开始下降。

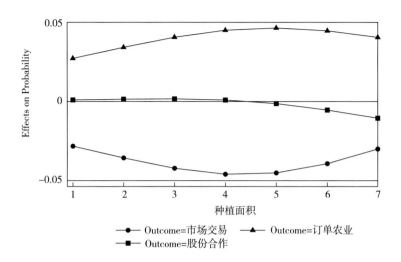

图 6-3 不同种植面积下守信意识的平均边际效应

本章基于真实选择调查数据，模型估计结果显示：①随种植面积上升农户参与股份合作的概率不断增长；农户面积超过 200 亩后种植面积对订单合约的边际效应开始下降，超过 300 亩种植面积对股份合作的边际效应开始下降。②小农户和专业大户的风险偏好对其契约选择的影响不同。一般认为风险厌恶型农户倾向订单、股份合作以分散风险。但本章研究得出相反结果。随着风险偏好上升，兼业农户更偏好市场交易，兼业农户在市场波动中面临的风险损失比较低，更加希望获得溢价收益，因此兼业农户风险偏好越高越希望采取市场交易的方式。随着风险偏好上升，专业大户更偏好订单合约或股份合作，原因是风险偏好型农户才会扩大经营面积、提高专业化程度，获得更多资源和机会。③守信意识高的农户参与订单合约、股份合作的概率显著高于守信意识低的农户。说明声誉资本高的农户参与显性契约的概率更高。④种植面积的增加、专业化程度提高会加剧风险偏好、守信意识对契约选择的影响。

6.6 本章小结

本章通过统计分析、MNL 模型分析后回答三个问题：第一，农户参与显性契约的意愿强烈，但真实参与率偏低。存在差异的主要原因是大部分农户没有遇到合作社、龙头企业向其提出订单、股份合作的合作意向。第二，专业化、规模化的农户参与订单合约、股份合作等显性契约的概率更高。兼业化、小规模的农户随风险偏好的上升参与市场交易等隐性契约的概率更高。随风险偏好程度上升，兼业农户倾向市场交易等隐性契约；专业农户倾向订单合约、股份合作等显性契约。守信意识强的农户，声誉资本高，是公司希望合作的对象，因此这类农户更容易获得参与显性契约的机会。第三，当农户种植规模小于 200 亩时，随种植面积的增加选择显性契约的概率增加，当面积超过 200 亩时，随种植面积的增加选择显性契约的概率逐渐下降。农户面积超过 200 亩以后，农户的投资具有抵押品性质，与显性契约的强制执行力具有同等效果，都能够促使农户履约。农户与公司转向交易成本更低的关系契约。

为破解显性契约参与率低的难题，应充分考虑农户的偏好和需求，重视农户间的差异。鼓励农地流转，扶持专业大户扩大种植规模，有助于提高供货能力，从而具备订单、股权合作的谈判资源。鉴于小农户与专业大户的风险偏好异质性，应充分尊重兼业农户、小农户参与合作契约的意愿，强化市场信息服务，在合作中设定较为灵活的定价方式；专业大户守信意识较强，投机行为大大降低，适合通过延长契约期限降低市场风险。

7 农户专用性投资、社交网络使用与合作契约稳定性

本书第 5 章、第 6 章分别从农户、公司角度探究合作契约的选择问题。探讨什么样的农户能够参与显性契约？公司在什么条件下会选择显性契约？发现目前我国水生蔬菜产业中只有小部分公司与农户适合建立显性契约关系。交易特征、关系特征、产品特征与显性契约不匹配，所以通过正式治理手段（订单合约、股份合作等显性契约）很难有效约束公司与农户间的契约关系。本章从关系治理角度研究如何提升水生蔬菜产业合作契约的稳定性。本章利用国家特色蔬菜产业技术体系对农户的调研数据，从关系治理角度，基于社会嵌入理论、不完全契约的自我实施机制、供应链管理可持续性，构建结构方程，研究提升合作契约稳定性的影响因素。

合作契约稳定的前提条件是履约收益大于违约收益。本书第 2 章、第 4 章分析了合作契约履行与否的直接因素是履约收益与违约收益的比较。影响履约收益与违约收益的因素专用性投资、声誉资本、产品溢价能力等。因此，合作契约稳定性的作用路径是：专用性投资、声誉资本、产品溢价能力—履约收益与违约收益比较—履约或违约（合作契约稳定性）。鉴于本书研究对象的专业化水平都比较高，水生蔬菜收入占其家庭总收入的 71.18%，因此假设被调查对象都进行长期、反复交易。

7.1 合作契约稳定性的影响因素

大量研究表明，信任关系可降低履约的交易成本，提高违约成本，当履约收益大于违约收益时，将促进契约额自我实施。可见信任关系可促进契约的稳定性（赵

泉民和李怡，2007；张旭梅和陈伟，2011；张闯和徐佳，2016；赵晓峰，2018）。

有学者从社会学角度应用社会学理论研究契约的稳定性，提出社会嵌入可提升契约稳定性。近年来，社交网络在硬件、软件方面都得到充分开发和应用，社交网络平台也开拓了农户的信息来源和销售渠道。在水生蔬菜产业中，使用社交网络进行销售的农户越来越多，多个主产区建立了专业的微信群。农户通过社交网络获取市场信息，帮助其做出有效的决策。在调研过程中，发现部分专业大户在市场风险来临时，并没有被合作方"敲竹杠"，而是仍以合同（正式合同或口头约定）规定的平均价格销售产品。交易成本理论认为专用性投资越高，被对方"敲竹杠"的风险越大，为降低风险采取纵向一体化更节约交易成本。显然，调研中的情况与该理论所述不符。那么这些农户如何建立了稳定的合作契约，避免了市场风险的冲击呢？在进一步访谈中发现，能够在市场波动中免受其害的农户的社交网络使用密度和规模都很大：他们与同行业从业人员的交往甚密，他们与多个同行从业人员建立微信好友关系，并且加入多个大型水生蔬菜信息群。社交网络使用是否能够促进合作契约的稳定性，从而帮助农产品生产者降低市场风险呢？作用路径是什么？

有学者从不同方面研究了如何提升合作契约稳定性，包括合作剩余增加、双边专用性投资，双向锁定、信任关系、社会嵌入、重复博弈与信息充分性。多位学者基于社会网络理论，通过理论和案例分析了社会网络关系和社会嵌入对"公司+农户"模式的稳定性，但缺乏实证研究。随社交网络平台的广泛使用，相关研究越来越多，但社交网络对合作契约稳定性的影响尚未得到有力的证明。鉴于此，本章建立社交网络使用与合作契约稳定性的研究框架，探究社交网络使用对合作契约稳定行动的作用路径。本章将对以下问题进行研究：①社交网络使用对合作契约稳定性产生什么影响？②社交网络使用对合作契约稳定性的作用路径是什么？③造成农户社交网络规模和密度不同的原因是什么，农户如何提高社会资本。

7.2　研究假说

7.2.1　社交网络使用与合作契约稳定性

社交网络具有社会资本属性。从社会资本角度出发，社交网络的使用主要具有以下三个功能：第一，信息传播功能（应瑞瑶和王瑜，2009；姚文，2011）；第二，处于网络中心位置的行为主体更具控制优势（何一鸣等，2019）；第三，处于网络中心位置的行为主体更容易获得他人信任，也更重视自己的声誉（Hobbs，1997；刘洁和祁春节，2009）。

基于社交网络的功能，本章提出社交网络通过三个途径促进合作契约稳定性：第一条路径是通过提高声誉资本、违约成本促进契约稳定性。第二条路径是通过增加信息对称性、降低交易成本、提高履约收益，从而促进契约稳定性。第三条路径是当行为主体处于网络中心位置时，更具控制优势，在与公司（合作社）合作时具有较为平等的谈判地位。

由此，提出本章的假说1-1：社会网络的规模和密度越强合作契约稳定性越高。

假说1-2：社会网络的规模和密度越强信任关系越高。

7.2.2 社会嵌入与信任关系

"嵌入"一词是社会网络理论发展过程中出现的。社会网络强调的是人处在网络中的位置。社会嵌入强调关系、制度、服务、文化等因素对经济行为的影响。有学者将社会嵌入分为政治嵌入、文化嵌入、结构嵌入、关系嵌入等类型。随研究的深入，社会嵌入的类型不断扩展，刘帅顺和张汝立（2020）、吴平肖和谈存峰（2020）在研究中加入的"合作嵌入"。

在调研中发现，企业与农户之间除产品交易关系外，还通过其他资源的交换进行连接。在水生蔬菜产业公司与农户开展正式合作时，可通过加强连接的强度和频率来改善关系，建立信任。企业通过深入嵌入当地才能获得信任和支持，从而建立风险共担、利益共享的合作伙伴关系。在水生蔬菜产业，合作社、公司通过嵌入生产资料供给、社会化服务、技术培训、信息服务等增加与农户间的连接，增加互惠内容，提升互动的频率、亲密度以及关系持续性。社会嵌入通过提高信任关系、降低交易成本、提高履约收益，从而提高契约稳定性。

由此，提出本章的假说2：农户与公司的服务嵌入能够促进信任关系。

7.2.3 信任关系与合作契约稳定性

信任是龙头企业与农户间合作的必要条件（赵泉民和李怡，2007）。陈伟（2011）认为交易双方信任关系与合作关系的稳定性呈正相关。如果双方缺乏信任，那么合作很难持续。Fernández Olmos（2011）调查了葡萄酒市场中农户与公司间的口头合同和书面合同时，发现当信任关系很高时，治理水平没有随着资产专用性的提升而提高。基于交易成本理论和社会学交换视角建立研究模型，检测信任与资产专用性的交互效应。结果显示：在缺乏信任的情况下，较高的资产专用性选择正式合同的可能性更高。在村中信任关系的情况下，正式合同的选择与资产无关。张闯和徐佳（2016）认为收购商和农户进行专用性投资可增强彼此的信任关系，信任关系越高双方履约、续约的意愿越强。

由此，提出本章的假说3：信任关系越高，公司与农户间契约稳定性越强。

7.2.4 专用性投资与合作契约稳定性

大多数学者认同提升专用性投资水平将有益于契约的稳定性（周立群和曹利群，2002；尹云松等，2003；赵西亮等，2005），购买专用性资产意味着资产被重新调度使用的程度低，进行专用性投资的一方相当于做出了可置信承诺，而专用性资产相当于抵押品，更容易获得对方的信任。专用性投资越高，违约成本越高，从而促进投资主体的履约率。

在调研中发现，专用性投资水平高的农户掌握更多的社会资源，掌握更多的销售渠道，能够快速获得市场信息。他们之所以能够获得稳定的销售渠道，主要原因是他们生产的产品更符合市场标准，质量水平更稳定，有一点的知名度在市场上的竞争力更强。根据资源基础理论，专用性投资水平代表了资源的异质性，专用性和异质性是组织或个人获取核心竞争力和维持可持续竞争优势的主要来源之一（Cox，2004）。

由此，提出本章的假说4-1：提升专用性水平对合作契约稳定性有促进作用。

假说4-2：提升专用性水平对信任关系有促进作用。

假说4-3：专用性水平越高，社会网络规模和密度越大。

7.3 模型构建

结构方程作为多变量统计方法，可以同时处理多个因变量，进行多个因变量和自变量间的内在逻辑分析。该方法克服了一些变量难以测量的障碍，无需大样本量也可进行拟合。结构方程在心理学、社会学、经济学研究中已广泛应用，特别是心理学研究中应用较多。由于本章的变量较多，因此本章采用结构方程。

7.3.1 测量模型

测量模型显示了潜在变量和观测变量间的关系。其具体的关系式如下：

$$X = \Lambda_x \varepsilon + \alpha \tag{7-1}$$

$$Y = \Lambda_y \eta + \beta \tag{7-2}$$

其中，X 表示 n 个外生观测变量组成的 n×1 向量；Λ_x 表示 x 在 ε 上的 n×p 因子负荷矩阵；ε 表示 p 个外生潜在变量组成的 p×1 向量；Y 表示 m 个内生观测变量组成的 m×1 向量；Λ_y 表示 y 在 η 上的 n×q 因子负荷矩阵；η 表示 q 个内生潜在变量组成的 q×1 向量；α、β 是 X、Y 测量误差形成的矩阵，α、β 不能由潜在变量解释。

7.3.2 结构模型

结构变量显示了潜在变量间的关系。其具体的关系式如下：

$$\eta = A\eta + B\varepsilon + \varepsilon \tag{7-3}$$

其中，A 表示内生潜在变量间相互影响效应系数；B 表示外生潜在变量对内生潜在变量的影响效应系数；ε 表示 η 的残差向量。

7.4 数据来源、变量选择及统计性描述

7.4.1 数据来源

本章使用数据来自2019年国家特色蔬菜产业技术体系合肥实验站、德州实验站、成都实验站、贺州实验站、杭州实验站、十堰实验站、大理实验站、遵义实验站、武汉实验站、石家庄实验站、福州实验站、南昌实验站、昆明实验站对相应水生蔬菜示范基地的固定观测点调查以及国家特色蔬菜产业技术体系产业经济研究室 2019 年对广西贵港、贺州、荔浦、柳州；湖北汉川、江夏、黄陂、仙桃；江西广昌等主产区农户的随机抽样调查。调查对象涵盖了小农户以及专业种植户。两次调查共获得334份问卷，其中针对本章的有效问卷314份。

7.4.2 变量选择及样本统计描述

7.4.2.1 因变量

部分学者对合作契约稳定性的衡量片面地考虑了被调查者一方的继续合作意愿（徐家鹏，2019；田敏等，2014）。徐家鹏（2019）在考察"生猪养殖户+收购商"交易的长期稳定性时，使用"是否继续与其合作""我们已经建立了紧密的业务伙伴关系"等基于农户感知视角的指标衡量契约稳定性。部分学者考察渠道关系的稳定性时从双边角度进行了测度，分别测度农户和买方的续约意愿（谢继蕴和李崇光，2019）。买方和卖方双方对交易的满意程度能够反映到合作时间上，合作的时间越长则表示双方对交易的满意度越高、稳定性越强。本节以合作时长、继续合作的意愿作为契约稳定性的指标。农户与公司的合作时间平均为4.602年，最短小于1年，最长达20年。合作时间的众数是3年，频次53次，占总样本量的16.88%。合作时间3年以下的占比57.32%。合作时间在4~6年的占17.19%，7~10年的占22.93%，11年以上的占4.78%（见表7-1）。

表 7-1 变量定义及描述统计

指标	子指标	均值	标准差	最小值	最大值
合作契约稳定性	合作时长	4.602	4.227	0.000	20.000
	继续合作的意愿	0.892	0.311	0.000	1.000
专用性	专用机械（投资额的对数）	2.327	2.009	0.000	6.000
	基础设施（投资额的对数）	1.306	2.090	0.000	6.477
	保鲜设施投资（投资额的对数）	0.224	1.021	0.000	6.778
	冷链运输投资（投资额的对数）	0.139	0.800	0.000	5.778
	品牌专用性（获得认证数量）	0.484	0.7507	0.000	3.000
社交网络	微信好友企业数量	1.9045	0.9063	1.000	5.000
	微信好友收购商数量	1.9968	1.0946	1.000	5.000
	微信加入销售群数量	1.6815	0.7286	1.000	5.000
	通过微信获取价格信息（5=非常容易；1=非常困难）	3.2292	0.8220	1.000	5.000
社会嵌入	获得社会化服务数量	2.226	1.509	1.000	7.000
	买方对生产的要求有几项	1.481	0.711	1.000	5.000

续表

指标	子指标	均值	标准差	最小值	最大值
信任关系	对对方的信任度 （5=非常信任；1=非常不信任）	3.280	1.217	1.000	5.000
	生产诚信 （5=非常符合；1=完全不符合）	2.965	0.839	1.000	5.000
	交易诚信 （5=非常符合；1=完全不符合）	2.548	1.026	1.000	5.000

7.4.2.2 自变量

社交网络。王蕾等（2019）构建社会网络[①]关系指标体系衡量社会网络关系与农户参与小型农田水利设施供给的意愿，从网络规模、网络紧密度等方面进行测度，通过测度农户的社交人数和社交往来次数衡量以上指标。社交网络关系能够直观地反映社会网络关系的强度和密度，目前社交网络不仅是聊天、交友的平台，更是合作、投资、沟通、协作的平台。借鉴以上测度方法，基于社交网络的应用，本节测度的网络规模使用社交网络资源数量，使用社交网络信息获取能力反映网络紧密度。被调查者中有109人微信好友中没有企业、合作社，占比34.71%。被调查者中能够通过微信群比较全面获得全国水生蔬菜价格的有107人，占被调查者总数的34.08%。

社会嵌入。有学者研究表明，农户与公司间除产品买卖外应该嵌入一些相关服务，有助于双方合作的稳定性。比较常见的有农资供应、种子种苗供应、技术培训、信息服务、农产品包装等（黄季焜等，2010）。本章对社会嵌入水平的测度使用公司（合作社）对农户提供的服务数量以及对生产的干涉情况为测度。

信任关系。在考察信任关系时学者主要从被调查者的感受出发进行度量。本章使用农户对买方的信任关系打分作为信任关系的指标之一。此外为考察农户是否值得买方信任，本章考察了农户的生产诚信和交易诚信。从买方和卖方双方考察信任关系。学术界对信任关系促进契约稳定性的观点已达成共识。张旭梅和陈伟（2011）认为，交易双方信任关系与合作关系的稳定性呈正相关。如果双方缺乏信任，那么合作很难持续。

专用性投资。周振和孔祥智（2017）考察资产专用性与农业产业化组织利益

---

① 社交网络是传播速度加快的社会网络。因此，本章可以借鉴以往学者对社会网络的研究内容。

分配问题时，从产品专用性和设施设备专用性两方面度量实物资产专用性；并加入了品牌资产专用性考察其对产业组织利益分配的影响。借鉴学者以往的研究，结合水生蔬菜的产品经济特征，本章从实物资产专用性、人力资本专用性、品牌专用性三个方面考察专用性对契约稳定性的影响。水生蔬菜种植中的实物专用性投资主要体现在专用的采挖设备以及水田改造投资。莲藕采收机是根据莲藕生产特性研制的专用型机械，被调用其他用途的适用性较差。水生蔬菜需要水环境种植，水田田埂需要投资构建。水生蔬菜需要水也怕水淹，因此排水设施非常重要。本书调查农户在从事水生蔬菜生产以来在采挖设备以及水田改造方面进行的投资。此外质量认证、品牌投入代表了农户在水生蔬菜产业长期的努力水平，投入越多代表专用性程度越高。由于具体投入资金难以衡量，因此本章以认证数量和是否注册品牌来测度。对被调查者获得的绿色蔬菜认证、有机蔬菜认证、国外质量认证体系、地理标志产品等情况进行调查，获得认证数量的平均值为 0.4824，最大值为 3，最小值为 0。其中 199 个被调查者未获得任何认证，占比 63.58%。获得认证数量反映了经营者在水生蔬菜种植经营方面所付出的努力程度。

7.4.2.3 微信平台使用效果的统计描述

在考察农户使用社交网络对其水生蔬菜经营产生的效果时，如表 7-2 所示，最直接的作用是交流更加便捷，使交易价格更加透明，买卖双方信息更加对称，故意压价的现象减少。被调查者中仅有 14 人认为微信的使用对其获取价格信息完全没有帮助，占比 4.46%。其余 300 个被调查者表示微信的使用对其价格获取、交易谈判产生了不同程度的影响。随着微信平台的使用，同行业人群的交流更加密切，同行业人群通过微信组成熟人网络，如果交易中发生不守信行为，那么信息将快速传递到同行业人群中，因此微信的使用使水生蔬菜行业更加信守承诺，其中，41.40% 的被调查者表示在促进行业守信方面微信平台具有较为明显的效果。使用微信在水生蔬菜交易方面产生的最终效果是使双方的交易更加稳定；47.77% 的被调查者表示在使用微信后他们交易在稳定性方面有了较为明显的提高。微信平台的使用在产品价值增值、农户增收方面的作用并不明显。

表 7-2 使用微信平台交易的效果

使用微信水生蔬菜价格更加透明	频次	百分比（%）	累计百分比（%）
完全不符合	14	4.46	4.46
比较不符合	20	6.37	10.83
一般	131	41.72	52.55
比较符合	132	42.04	94.59

续表

使用微信水生蔬菜价格更加透明	频次	百分比（%）	累计百分比（%）
完全符合	17	5.41	100.00
合计	314	100.00	
使用微信使水生蔬菜行业更加信守承诺	频次	百分比（%）	累计百分比（%）
完全不符合	3	0.96	0.96
比较不符合	17	5.41	6.37
一般	164	52.23	58.60
比较符合	111	35.35	93.95
完全符合	19	6.05	100.00
合计	314	100.00	
使用微信使水生蔬菜交易更加稳定	频次	百分比（%）	累计百分比（%）
完全不符合	3	0.96	0.96
比较不符合	22	7.01	7.96
一般	139	44.27	52.23
比较符合	132	42.04	94.27
完全符合	18	5.73	100.00
合计	314	100.00	
使用微信使出售水生蔬菜的价格更高了	频次	百分比（%）	累计百分比（%）
完全不符合	8	2.55	2.55
比较不符合	21	6.69	9.24
一般	213	67.83	77.07
比较符合	63	20.06	97.13
完全符合	9	2.87	100.00
合计	314	100.00	

7.5 模型估计结果分析

7.5.1 信度与效度分析

在建立结构方程模型前，对潜在变量与测量变量进行因子分析，检验潜在变量是否能够解释测量变量，潜在变量之间是否存在相关关系，为建立模型路径提供依据。使用 AMOS 21 进行斜交验证性因子分析如图 7-1 所示。本节结构方程模型相关指标测算和评价参考吴明隆的《结构方程模型-AMOS 的操作与应用》。

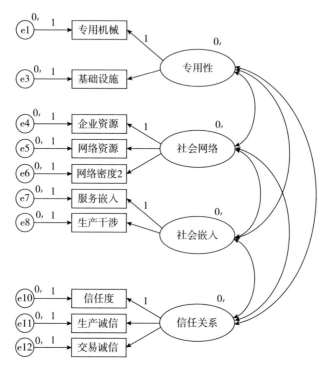

图 7-1　验证性因子分析①

　　因子载荷量是潜变量到测量变量的标准化回归系数，因子载荷量越大，潜在变量对测量变量的解释能力越强，指标的信任度越高。由表 7-3 可知，各路径的 P 值小于 0.001，CR 值均大于 2.58，说明各路径系数显著不等于 0。（标准化回归系数）因子载荷量（见表 7-4）在 0.525~0.913，10 个测量变量中的 7 个测量变量的因子载荷量大于 0.7。当观测变量的因载荷量在 0.5~0.95 时，说明潜在变量对测量变量的解释能力较好，模型的基本适配度良好。组合信度在 0.696~0.752，均大于 0.6，说明验证性因子分析模型的内在治理理想。

---

　　①　由于品牌专用性、微信收购商数量的因子载荷量小于 0.525，因此将其删掉。企业资源——微信好友企业数量，网络资源——加入专业销售微信群数量，网络密度——通过微信获取价格信息的难易程度。

表7-3　未标准化路径回归结果

路径	估计值	标准差	C. R.	P 值
专用机械<--专用性	1.000	—	7.888	***
基础设施<--专用性	0.958	0.121	—	—
企业资源<--社会网络	1.000	—	10.272	***
网络资源<--社会网络	1.392	0.136	8.183	***
网络密度<--社会网络	0.798	0.098	—	—
服务嵌入<--社会嵌入	1.000	—	8.043	***
生产干涉<--社会嵌入	0.944	0.117	—	—
信任度<--信任关系	1.000	—	7.764	***
生产诚信<--信任关系	0.649	0.084	8.217	***
交易诚信<--信任关系	0.960	0.117	—	—

注: * * *表示在1%水平下显著。

表7-4　信度、效度值

测量变量	因子载荷量	组合信度	平方差抽取量
交易诚信	0.800		
生产诚信	0.736	0.752	0.503152171
信任度	0.732		
生产干涉	0.844	0.741	0.601329551
服务嵌入	0.525		
网络密度	0.730		
网络资源	0.913	0.780	0.546682913
企业资源	0.644		
基础设施	0.605	0.696	0.536309738
专用机械	0.733		

效度即测量工具和结果的准确性和可靠程度。效度检验主要检验各个潜在变量下观测变量间的收敛效度以及各潜在变量间相互区别的程度。本部分采用平方差抽取量（AVE）法进行效度检验。平方差抽取量是一种收敛效度指标，可以直接显示被潜变量所解释的变异量多少是来自测量误差，其值越大测量变量被潜在变量解释的变异量百分比越大，相对的测量误差越小。一般的判别标准是 AVE 值要大于 0.50。由表7-4可知，AVE 值均大于 0.50。综合表7-3、表7-4数据来看，本节所设定的测量变量可以被潜在变量解释，通过信度和效度检验。

因子验证模型卡方值为 0.041，卡方值大于 0.05 才能接受虚无假设，但卡方值容易受样本量的影响，一般研究中受样本量影响无法满足。因此需要综合其他适配度指标综合来看。从卡方自由度比来看，1.551<3，说明模型适配度良好。从 AMOS 输出的 NFI/RFI/IFI/TLI/CFI 等基准线比较适配统计量来看，结果都大于 0.90，表示假设模型与观察数据的整体适配度理想。RMSEA 是渐进残差均方和平方根，该值越小表示模型适配度越理想，当该值小于 0.05 时说明适配度很好，当该值小于 0.08 时表示适配度尚可。RMSEA=0.042 小于 0.05，说明模型适配度理想（见表 7-5）。

表 7-5　因子验证模型适配指标值

统计检验量	适配标准或临界值	结果
绝对适配度指数		
卡方值	p>0.05（不显著）	37.234（p=0.041<0.05）df=24
RMSEA	<0.08	0.042
增值适配度		
NFI	>0.90	0.956
RFI	>0.90	0.917
IFI	>0.90	0.984
TLI	>0.90	0.969
CFI	>0.90	0.983
简约适配度指标		
卡方自由度比	<3	1.551

7.5.2　变量间的协方差与相关系数

潜变量之间的协方差估计值显著不为零表示潜在变量间有显著的共变关系，两者的相关系数达到显著。其中专用性与社会网络、社会嵌入与信任关系、社会网络与社会嵌入以上 3 个路径的协方差、相关系数达到显著。但潜变量之间的相关系数都没有达到 0.750 以上，因此不存在更高阶的共同因素。从潜变量间的相关系数来看，社会网络与专用性、信任关系与社会嵌入具有相关性，相关系数分别为 0.639、0.706，临界比均大于 2.58，P 值小于 0.001（见表 7-6）。专用性与信任关系、社会网络与信任关系相关系数没有通过检验。假说 4-2、假说 1-2 未通过验证。

表7-6 协方差与相关系数

路径	协方差	标准差	C. R.	P 值	相关系数
专用性<-->社会网络	0.756	0.106	7.108	***	0.639
信任关系<-->社会嵌入	0.096	0.014	6.735	***	0.706
信任关系<-->专用性	-0.049	0.154	-0.317	0.751	-0.033
社会网络<-->社会嵌入	0.033	0.008	3.923	***	0.302
信任关系<-->社会网络	0.108	0.055	1.966	0.049	0.176
专用性<-->社会嵌入	0.038	0.020	1.970	0.049	0.146

注：＊＊＊表示在1%水平下显著。

7.5.3 结构方程模型拟合、修正与检验

根据理论分析以及验证性因子分析结构，构建初始模型（见图7-2）。潜变量有专用性、社会网络、社会嵌入、信任关系。

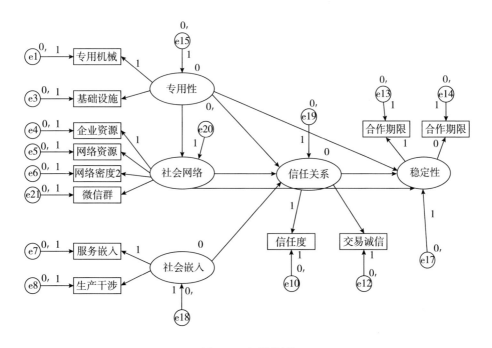

图 7-2 初始模型

运用 AMOS 21 软件对模型进行分析。初始模型卡方自由度比值为 5.150>3，

RMSEA 值等于 0.115 未达到适配指标。增值适配度指标在 0.8~0.9。模型中各路径临街比 C. R. 值大部分大于 2.58，P 值小于 0.001，说明大部分路径是显著的。社会网络—信任关系、专用性—信任关系路径的临界比小于 1.96，以上两个路径未通过检验，以上两个路径的相关系数同样是不显著的（上小节），可进行删除以提高模型适配度。修正指数（MI）模型中 e6↔e14、e8↔e12、e5↔e17、e5↔e12 等路径的修正指数过高。模型可通过修正提高模型适配度，根据 MI 值增加路径后得到修正模型（见图 7-3）。

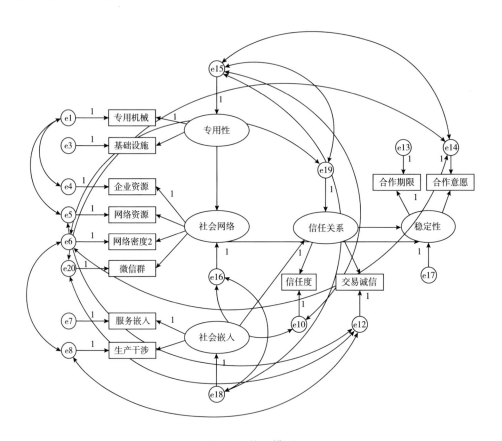

图 7-3 修正模型

修正模型卡方值等于 67.880，P 值等于 0.001<0.05（见表 7-7）。P 值受样本量影响较大，需要综合其他适配性指标评价。卡方自由度比由 5.150 降为 1.886，RMSEA 值等于 0.07<0.08，说明假设模型与实际数据可契合。增值适配指标全部大于 0.90，说明模型适配度良好。

修正模型卡方值等于 67.880，P 值等于 0.001<0.05。P 值受样本量影响较大，需要综合其他适配性指标评价。卡方自由度比由 5.150 降为 1.886，RMSEA 值等于 0.07<0.08，说明假设模型与实际数据可契合。增值适配指标全部大于 0.90，说明模型适配度良好。

表 7-7　修正模型适配度指标

统计检验量	适配标准或临界值	修正模型
绝对适配度指数		
卡方值	P>0.05（不显著）	67.880（P=0.001<0.05）df=36
RMSEA	<0.08	0.07
增值适配度		
NFI	>0.90	0.946
RFI	>0.90	0.901
IFI	>0.90	0.974
TLI	>0.90	0.951
CFI	>0.90	0.973
简约适配度指标		
卡方自由度比	<3	1.886
PNFI	>0.50	0.516
PCFI	>0.50	0.531
AIC	理论模型值小于独立模型值，同时小于饱和模型值	175.880<180.000 175.880<1310.000

7.5.4　模型结果分析

由表 7-8 可知，社会嵌入<--信任关系、专用性<--社会网络、社会网络<--稳定性、信任关系<--稳定性四个路径临界比均大于 2.58，P 值小于 0.002，说明以上四个路径均显著。

表 7-8　修正模型路径回归系数及显著性

路径	非标准化系数	S.E.	C.R.	标准化系数	P
信任关系<--社会嵌入	2.405	0.376	6.399	0.654	***

路径	非标准化系数	S. E.	C. R.	标准化系数	P
社会网络<--专用性	0.202	0.029	6.940	0.619	***
稳定性<--信任关系	4.239	0.723	5.863	0.575	***
稳定性<--社会网络	1.215	0.393	3.089	0.173	0.002

专用性对社会网络影响路径的临界比（C. R. 值）等于6.940>2.58，P值小于0.001，说明该路径在1%水平下显著。专用性投资的增加将帮助其获得更多的社交资源，增加网络联结点。当专用性投资提高1%时，社交网络规模和密度相应增加0.619%。验证了假说4-3。专用性投资—社会网络的作用机理如下：①专用性投资增加相当于做出可置信承诺，有助于其获得公司的信赖。②专用性投资增加才能满足公司对产品生产的一些要求，例如，按时按量稳定供货、较成熟的生产技术、保证产品质量安全等。进行了专用性投资的农户才能获得与公司谈判的资格，农户才能和更多的公司建立社交联系。

专用性对稳定性影响路径的临界比（C. R. 值）小于1.96，没有通过检验，因此在修订模型时予以删除。说明在水生蔬菜领域农户在专用机械和田间基础设施方面增加投资并没有提升契约稳定性。结合样本数据的分析情况，可能的原因有两个：一是水生蔬菜农户专用性投资水平整体较低，还没有突破临界值对其交易行为产生约束。大多数农户的投资水平是偏低的，每亩500~1000元，经营面积5亩左右，因此500元增长到1000元对农户来说并没有太大区别，不能起到约束行为的作用。农户的投资水平相对于买方来说还是非常低的，对双方关系并没有产生显著影响。二是新兴的专业大户虽然专用性水平高，但经营的年限较短，因此合作时长也不长。而一些年龄较大的农户专用性水平低，经营年限较长，他们中间有一些人有很好的信誉，在长期经营中建立了较为稳定的交易关系。所以专用性对信任关系、交易稳定性的路径均未通过检验。假说4-1、假说4-2没有得到验证。

社会网络对稳定性影响路径的临界比（C. R. 值）等于3.089>2.58，P值=0.002，在5%水平下显著。社会网络对交易稳定性的影响是直接的，社会网络对稳定性的总效应等于0.173，直接效应等于0.173，间接效应等于0。说明社会网络在专用性对稳定性影响路径中起完全中介作用。在进行专用性投资的农户的社会网络联结点多、信息获取能力强的情况下，其契约稳定性才会提升。社会网络规模和密度提升1%，契约稳定性提升0.173%。验证了假说1-1。社会网络对稳定性的作用机理如下：①社会网络具有社会资本性质，农户在社会网络中与更多的公司、合作社、经纪人建立联系，说明其掌握了更多的社会资源，获取信息能力更强，有更大的话语权和控制权，在合作中被"敲竹杠"的可能性大大下降。②社交网络的使用使得信息传播速度更快，信息更加对称。拥有更多的社交网络资源意味着农户处于更广、更复杂的网络关系中。农户的交易信息、守信行为、违约行为能够更快、更广地传播。越是处于社交网络中心位置，传播链越长的农户，越珍惜自己的声誉资本，期许未来交易中能够获得更多收益。

社会嵌入对信任关系影响路径临界比值等于 6.399>2.58，P 值小于 0.001，说明该路径在 1%水平下显著。验证了假说 2。社会嵌入水平提高 1%时，信任关系提高 0.654%。当买方和卖方之间嵌入了更多的社会化服务，在经常性的接触中将积累各自的声誉资本，获取对方的信任。社会嵌入包括合作嵌入、关系嵌入、文化嵌入等方式。在本章中考察的是合作嵌入。因为这是目前我国农业生产中较为普遍、较为容易实行的一种嵌入方式。当买方干预卖方生产过程，提供生产资料、技术培训、信息服务等服务时，有助于信任关系的提高。

信任关系对稳定性影响路径临界比（C. R. 值）等于 5.863>2.58，P 值小于 0.001，说明该路径在 1%水平下显著。验证了假说 3。当信任关系提高 1%时，交易稳定性提高 0.575%。说明信任关系对契约稳定性的影响很大。信任关系对契约稳定性的总效应为 0.575，直接效应为 0.575，因此信任关系在社会嵌入对稳定性影响路径中起完全中介作用。社会嵌入必须通过提升信任关系才能进一步提升契约稳定性（见图 7-4）。

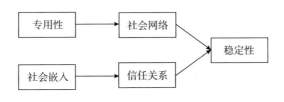

图 7-4　信任构建与契约稳定性机制

本节通过样本统计分析、结构方程模型分析农户社交网络使用与合作契约稳定性的机制，研究结果显示：

第一，社交网络使用提高信息对称性，促进声誉机制发挥作用。网络的普及、社交平台的应用在关系治理促进契约稳定性方面逐渐发挥作用。以往研究中朋友关系、亲缘关系对交易具有很大影响，但如今社交网络的使用使得信息流通加快，农户的交易很少基于朋友、亲缘，公司、合作社也不仅选择与自己关系更近的农户。买方和卖方都有了更多的潜在交易对象、合作对象。社交网络促进合作契约稳定性的作用机理：①在社交网络上建立的联系具有社会资本性质，农户在社交网络中与更多的公司、合作社、经纪人建立联系，说明其掌握了更多的社会资源，获取信息能力更强、有更大的话语权和控制权，在合作中被"敲竹杠"的可能性大大下降。②社交网络的使用使信息传播速度更快，信息更加对称。拥有更多的社交网络资源意味着农户处于更广、更复杂的网络关系中。农户的交易信息、守信行为、违约行为能够更快、更广的传播。越是处于社交网络中心位置，传播链越长的农户，越珍惜自己的声誉资本，期许未来交易中能够获得更多收益。这说明社交网络的使用加快了信息传播速度，无须建立信任关系也大大降低了机会主义行为，达到稳定交易的目的。

第二，信任关系的提升将有效提升契约的稳定性。信任关系提升有效降低交易成本和声誉资本，提高了履约收益和违约成本。信任关系的建立需要在长期沟通、合作中培养建立。通过嵌入服务和合作是有效的方法。公司（合作社）向农户提供技术培训服务、信息服务、农资供应服务等增加双方的交流和沟通有助于双方水平的提升。

第三，目前我国水生蔬菜产业专用性投资水平仍处于较低水平，对农户的行为无法产生约束。因此水生蔬菜农户专用性投资水平提升并没有促进交易的稳定性。当整个行业的专用性投资处于低水平时，市场交易是最优配置，对于大多数农户与公司间无须建立稳定契约关系。

第四，在水生蔬菜产业中一部分专用性投资水平很高的农户，具有家庭企业性质，他们的专用性投资形成了较强的竞争优势，产品质量较高、经营的品种较为稀缺、种植技术水平较高。这类专业大户通过专用性投资获得了与更多公司（合作社）洽谈的机会。因此专用性投资水平的提升能够使农户与公司建立沟通、交流、商谈的机会。专用性投资越高，获得的社会资源越多。在水生蔬菜产业专用性投资水平相对高的农户，在行业内长期经营积累了丰富的生产经验，具有更多的渠道优势，积累了较高的声誉资本，公司更喜欢与此类农户合作。此外这类农户能在较短时间内接受新的生产技术、生产规范，能够满足公司对产品的要求。

7.6 水生蔬菜产业合作契约稳定机制分析

在合作契约稳定性影响因素分析的基础上，结合调研、访谈资料，总结水生蔬菜产业合作契约稳定的条件及可以提升稳定性的路径有哪些。

7.6.1 水生蔬菜产业合作契约稳定的前提条件

7.6.1.1 公司与农户具有彼此依赖的资源优势

以广西平乐宏源农业发展有限公司为例。广西平乐宏源农业发展有限公司是集种植、加工、销售一体化的农业产业化马蹄粉生产企业。公司年产马蹄粉1200吨，年需马蹄15000吨。公司自营基地500亩，常年合作农户1.2万~1.5万亩。公司采取"公司+基地+合作社+农户"的组织形式，通过自有基地进行示范推广，通过合作社管理生产、组织收购，农户提供土地和人力资本。公司通过合作社常年合作130个左右的种植户，每个种植户的种植面积在80~130亩，平均收购价1.35元/公斤。形成了农户—人力、土地；合作社—技术、管理；公司—销售渠道、品牌建设、溢价能力的资源结构。在公司的主导下，公司、合作社、种植户间能够形成稳定合作关系的基础在于：农户能够提供具有成本比较优势的原材料；公司能够稳定收购农户产品。公司所需原材料为加工用粉马蹄，该品种与鲜食马蹄的淀粉含量和口感存在显著差异。农户种植粉马蹄的潜在销售对象范围狭窄，只能是马蹄粉加工企业，全国马蹄粉加工企业不多，主要集中在广西、广东等省份。农户需要提前锁定交易对象来降低市场风险，加工企业能够保障农户产品有处可销。

以浙江黄岩良军茭白专业合作社为例。浙江黄岩良军茭白专业合作社位于我国最大设施茭白生产基地——黄岩，黄岩双季茭白种植面积2.5万~3.0万亩，总产量9万吨，年产值4亿元左右。黄岩茭白大中棚比例达80%左右。合作社经营茭白面积400亩，其中60亩土地流转由合作社统一经营管理，其余340亩与相关农户保持长期合作关系。农户分散生产，合作社注册红岩溪商标，统一品牌销售。茭白耐储性差，主产区产品上市期量大，需要通过合作社进行销售，否则产品容易变质无法售出，销售风险大；此外茭白生产技术较难掌握，存在一定的生产风险，有合作社的技术支撑，可降低生产风险。合作社与农户能够保持长期合作关系的基础是：合作社帮助农户降低市场风险和生产风险损失，农户为合作社提供具有成本比较优势的产品。

目前我国作为加工原料的农产品同质化严重，公司寻找潜在交易对象比较容易。当公司统一经营的人工成本、土地成本高，公司统一经营不具有比较优势时，公司通过采购获取原材料，这是权衡生产成本和交易成本后的理性选择。大多数公司选择混合治理，对应的契约形式是关系契约，主要的组织形式是"公司+合作社+农户""公司+经纪人+农户""公司+基地+大户+小农户"。在实践中公司与农户能够形成稳定合作关系的基础是资源的互补。农户在经营中面临风险较大时，例如，生产风险较大，需要买方的技术支持；市场风险大，产品耐储性差，需要买方稳定的销售渠道。农户在资源上依赖公司时，此时违约收益远小于履约收益，农户会选择合作和履约。公司种植管理的生产成本不具有优势时、需要依赖农户的人力资本优势，公司合作的收益大于不合作的收益，公司会选择合作和履约（见图7-5）。

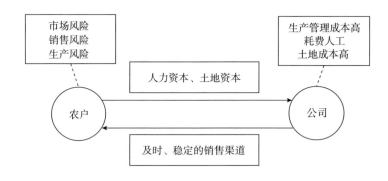

图7-5 合作契约稳定的前提条件——资源互补

7.6.1.2 农户联合提升谈判地位、市场地位

水生蔬菜种植户单打独斗在市场上没有话语权。因此在湖北、安徽、江苏、湖南、广西、江西等水生蔬菜主产省份的专业大户通过出资、土地入股等方式联合组建莲藕专业合作社（见表7-9），当专业大户组建合作社后，经营规模和供应量成倍增加，合作社内部出现生产资料购买、生产管理、维护渠道、产品营销等专业化分工。随市场的进一步开拓，合作社通过购买产品、提供服务等形式吸纳普通社员，扩大合作社经营面积，进一步扩大影响力。农户联合后谈判能力上升，与批发市场或者公司长期重复交易，合作社获得了一部分剩余索取权，每一

个农户的平均利润水平上升，进一步促进合作社进行专用性投资。

表7-9 合作社社员情况

合作社名称	主营产品	社员总数	资金入股社员	土地入股社员
汉川长吴莲藕种植专业合作社	莲藕	10	10	0
潜江潜黄湾莲藕种植专业合作社	莲藕	800	180	0
枝江市三湖莲藕种植专业合作社	莲藕	230	5	50
洪湖华贵莲藕种植专业合作社	藕莲、藕带	146	146	0
监利县同乐莲藕种植专业合作社	莲藕	11	0	11
广昌莲香子莲种植专业合作社	子莲	6	6	0
浠水农湖菱角种植专业合作社	菱角	28	4	14
浠水大家乐香莲种植专业合作社	子莲	40	0	4
潜江市湖美人家生态合作社	茭白	77	8	28

多个农户联合后，经营规模扩大、谈判地位提升。目前我国农产品市场农户间的竞争激烈，龙头企业处于垄断地位，农户在交易中处于弱势、被动地位。在此情况下，农户增加专用性投资增加了被"敲竹杠"的风险，因此农户的专用性投资动力不足，农户的专用性投资处于低水平。农业公司在此情况下无须增加专用性投资，双方陷入低效率困境。

根据GHM模型，对专用性投资进行激励的办法是给予产权。据此解释单个农户为何缺乏投资激励：单个农户的专用性投资是远小于农业公司的，农业公司获得产权，具有剩余索取权，农户和公司缺乏投资激励。

如果农户进行联合，农户总体的专用性投资与农业公司具有可比性，此时为争取获得更多产权支配剩余索取权，农业公司和农户联合体更倾向增加专用性投资。由此农户联合提升谈判能力对双方专用性投资具有激励作用。浦徐进和岳振兴（2014）通过不对称纳什谈判分别考察了单个农户、农户联合后与公司进行专用性投资。发现当农户的风险规避程度较高时，公司专用性投资与其谈判能力呈负相关关系，单个农户专用性投资水平与公司谈判能力呈负相关关系（田敏等，2014）。据此，当 n 个同质农户联合后，公司的相对谈判能力下降，公司和合作组织都会通过提高投资水平获得更高的利润空间。

农户联合组建专业合作组织①的作用：第一，单个农户进行专用性投资激励不足，联合后的投资效率更高，有助于增加专用性投资。第二，专用性水平—提高资源占有量—提高市场地位—提高谈判能力。农户只有联合后才有可能与农业公司进行产权匹配的谈判。获得产权将进一步促进合作社进行专用性投资。第三，组建合作组织能够帮助农户建立网络联结，提高网络密度。当农户在社会网络中建立的联结点足够多时，信息在组织中的传播将加快，组织中的个体获取的信息更加对称，声誉机制才能发挥作用。第四，组建合作组织有利于实施规模化生产，实现现代化生产，提高产品的质量和数量。农户联合后能够满足公司对产品产量和质量的要求。第五，农户联合有效节约交易成本，但农户的数量不宜过多。

7.6.2 提升水生蔬菜产业合作契约稳定性的路径分析

7.6.2.1 产品溢价空间越高合作契约越稳定

同样以广西平乐宏源农业发展有限公司为例。广西平乐宏源农业发展有限公司"车田河"牌马蹄粉获得广西名牌产品、农业农业部无公害农产品称号、广西著名商标。凭借其产品影响力，公司马蹄粉具有较高的溢价能力，马蹄粉出售价格在 14 元/公斤左右。因此公司溢价 0.5 元/公斤收购农户产品。

以潜江市黄湾藕为例。潜江市黄旮湾生态农业有限公司依托公司在酒店、饭店等餐饮业的渠道优势，组建潜江市黄旮湾莲藕专业种植合作社，为餐饮业提供富含水分、口感脆爽的高品质莲藕。公司与农户签订包销协议，合作期限 5 年，2016 年以 8 元/公斤价格收购农户的莲藕（2016 年全国莲藕均价为 5.74 元/公斤），价格每年一议。农户需要按照公司技术要求生产，产品需要符合公司对质量、质地属性的要求。

以武汉蔡甸莲藕为例。武汉蔡甸绿色方舟农业有限公司被授权使用蔡甸莲藕地理标志、蔡甸莲藕区域公用品牌，并注册"莲乡虹"商品品牌。公司组织种植汉阳种藕（地方特色品种）以及鄂莲 5 号。公司产品销往新疆、哈尔滨等地超

---

① 农户联合组建的专业合作组织，有别于公司领办型的合作组织。本部分所阐述的合作组织，是基于种植户自发联合组建的。公司领办型的合作组织在本文中与公司视为一体。

市,并进驻盒马鲜生,获得高额溢价。盒马鲜生向公司的收购价为 15.6 元/公斤。公司自 2014 年成立以来,与 14 户大户保持常年合作,合作关系稳定。

经营具有溢价空间的产品或者公司有较强的溢价能力,能够提高合作收益,从而促进农户和公司间的契约的稳定性。Boger(2001)在对波兰生猪市场交易选择行为进行研究时,指出不进行质量投资的生产者会在劣质市场上以现货市场交易的方式出售生猪,此时买方身份无关紧要。而进行了专用性投资的生产者,为保障其产品能够在优质市场上出售并获得溢价,此时生产者不会选择现货市场交易,他们会寻求与加工商长期合作。具有溢价空间的产品包括:高质量产品、特色优势产品、个性化产品等。这些溢价空间高的产品农业多功能性显著,具有多重价值。

合作的基础是双方能够获得更多或更稳定的利润空间。当合作伤害到交易方的利益时,合作即终止。因此具有多功能性、溢价空间高的产品更容易形成稳定合作关系。

7.6.2.2 合作嵌入培育信任关系

以广西平乐宏源农业发展有限公司为例。公司主营产品是马蹄粉的生产,在马蹄种植方面与农民相比不具备产品优势。为维护与农户的关系契约,公司没有直接与农户建立联结,而是通过合作社建立联结。合作社植根于农村,合作社的核心成员有马蹄种植的能手、当地具有一定威望的能人、村委会成员等。公司出资金,合作社与农户建立关系契约。合作社负责统一购买生产资料,合作社统一采购生产资料,比农户单户购买节约 20% 左右的成本。此外公司垫付成本(见表 7-10),农户在生产过程中没有资金压力,公司垫付部分最后与合作社交易结算时抵扣交易额。所以,公司借助合作社植根于农村的关系网络黏合了农户与合作社的关系。借助公司雄厚的资金实力,为合作社提供资金服务黏合了公司与合作社的关系。合作社通过技术、农资、服务等合作项目以及合作社核心成员的关系网络嵌入到交易中黏合了合作社与农户的关系。

表 7-10 公司垫付成本及农户产出

垫付成本构成	元/亩	产量	公斤
土地成本	700	大户	1750~2000
雇工成本	2000	小户	2500
生产资料	300~500	—	—

学术界认为信任是人们理性选择的结果，即在重复博弈模型中，得出人们追求长期利益会导致信任的结论（张维迎和柯荣住，2002）。可见，信任关系需要建立在专业化发展的基础上的，只有专业化才具有长期经营的可能，在长期重复交易中积累声誉资本、建立信任关系。

作为龙头企业如何提高与农户之间的信任度？一方面是吸纳当地能人，依靠当地能人的关系网络，组建合作社或与当地合作社直接合作。另一方面是嵌入多元化的合作方式，如凭借龙头企业的信息优势、技术优势等对农户进行服务，在双向交易中构建信任关系（见图7-6）。

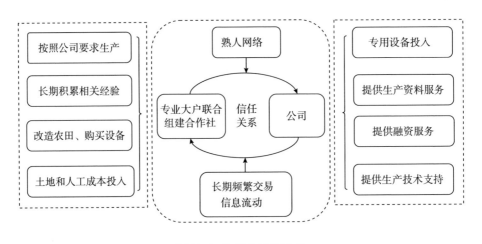

图7-6 信任关系的形成

7.6.2.3 社交网络提升信息对称性，促使声誉效应发挥作用

本书中被调查的314个农户在社会网络中所获取信息的充分性与其契约稳定性呈正向关。使用农户参与水生蔬菜微信群的数量、获取全国水生蔬菜价格信息的难易程度来衡量他们获取信息的充分性，通过列联分析可见：当农户参加水生蔬菜微信群的数量越多，其与公司合作的时间越长，当农户没有参加任何微信群时，平均合作年限为3.57年，而参加10个以上行业微信群时平均合作年限为8年。当农户能够轻易获得全国水生蔬菜价格时，农户与公司的平均合作年限为6.57年，当其获取价格信息非常困难时，平均合作年限仅为4.6年（见表7-11）。

表7-11 社交平台使用与契约稳定性

参加水生蔬菜微信群数量	0	1~3	4~6	7~9	10个以上
合作平均年限	3.57	5.26	6.23	—	8.00
通过微信获取水生蔬菜价格信息难易程度	1	2	3	4	5
合作平均年限	6.57	4.69	4.36	6.00	4.60

资料来源：调研数据整理。

在社会网络中不同结点上的个人或组织所能够获取的信息流不同。一般组织的信息流更加充分，组织联系的结点更多，通过组织传入、传出的信息量更大。组织履约、守信行为的信息会通过不同结点传播，组织显性违约或隐性违约的行为也会通过不同结点传播。因此联系结点更多的个人或组织倾向守信行为，约束自我交易行为。此外由于联结点众多，组织获取市场信息及时、准确，降低了机会主义行为的可能。

一般小农户联系的结点较少，无论是诚信行为还是违约行为信息的传播都有限，在小农户组成的社会网络中声誉水平较低。在调查中小农户认为无法按照买方要求生产是正常的，当市场价格上涨时把产品卖个能够出高价的人也是理所应当，小农所构成的社会网络中声誉机制是失效的，他们同样也不太在意买方的诚信与否，他们更在意交易价格。

在水生蔬菜的主产区，特别是专业村、专业县，农户之间通过亲缘关系、邻友关系、同学关系、同业关系等相互连接，组成了水生蔬菜行业的社会网络。当某地区形成了水生蔬菜特色优势产区，农村地区基于社会关系的行业网络更容易构建。例如，广昌县子莲产业，蔡甸莲藕产业，汉川莲藕产业，洪湖藕带产业，荔浦芋头，荸荠产业，缙云茭白产业，余杭茭白产业，等等。

以广昌白莲产业为例。龙头企业对接合作社、经纪人、收购站，合作社、经纪人、收购站对接农户，形成了白莲产业的社会网络结构。收购站是固定收购点，具有交易、加工、信息服务为一体的功能。由图7-7可知，合作社、经纪人、收购站是上联龙头企业、下联农户的结点，如果农户之间不建立联结那么农户个体在网络中是终点，不能形成信息循环的路径，不利于信息的流动。由此可见农户之间通过亲缘、地缘、同业协会、服务一体化等措施建立联结是必要的。特别是基于我国数字化产业的发展，将农产品交易嵌入到社交平台中将是加快农产品信息流动的有效方式。

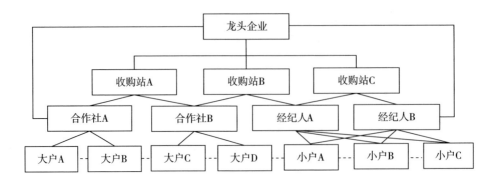

图 7-7　白莲产业管理体系

在社会网络中如果信息不能自由流动就会造成交易双方信息不对称。信息不对称会降低市场的运行效率、增加交易成本。另外，信息不对称可能引发机会主义行为，例如"逆向选择"和"道德风险"，造成契约的不确定性。在信息自由流动的社会网络中，声誉机制发挥作用，买方或卖方违约行为会造成未来收益折损，交易双方考虑在社会网络中交易的收益会倾向于守信行为。因此信息流动越充分，在这样环境下的契约越稳定。

7.6.2.4　设定具有灵活性的契约条款

以潜江市黄旮湾生态农业有限公司（潜江市潜黄湾莲藕种植专业合作社为）为例。公司由黄湾当地返乡人员与外地的朋友合伙成立，由于他们与多家酒店、饭店的采购有良好的关系，采购对莲藕的口感、质地、质量的要求较高，因此公司成立了黄湾莲藕种植专业合作社。罗某认为回乡创业有村委会的支持，在村民眼中家人都在当地且值得信任。基于地缘的社会网络关系给罗某回乡创业提供了便利，同时村委会作为村中权威组织，为合作社在当地展开业务提供了声誉支持。合作社经营面积 1000 亩，产品专供酒店、饭店。合作社在当地流转土地 900 亩左右，每亩 1000 元，期限 10 年，合作社进行统一生产经营。另外，与当地信誉较好的农户签订包销协议，单户面积 2 亩左右，共计 100 亩左右，合作期限 5 年，价格每年一议。合同中规定质量要求、付款方式、当年收购价格等信息，但没有硬性规定交易量，以合同面积所产商品量为准。该合同的特点是：①规定了合作期限 5 年，给农户一个长期性的心理预期。②灵活性。价格每年一议，根据市场情况双方商议。③给农民一个货到付款的保证，获取农民的信任。④给自然风险造成减产的情况留有余地，只规定了合同面积。

合作社进行大面积的土地流转，向农户做出可置信承诺，表示合作社会长期经营该项业务。在信任关系方面做出了第一步承诺。合作社负责人是当地返乡人员，基于社会网络的嵌入，增加了彼此的信任关系。签订合约的农户实际上是做出了自己的承诺，信任关系建立，双方长期、稳定交易。受水生蔬菜产业市场价格波动、自然风险的影响，固定价格、固定产量等规定可能造成机会主义行为问题。农户更倾向具有灵活性的契约安排。

7.7　本章小结

本章建立结构方程验证影响合作契约稳定性的影响因素以及作用路径。结合访谈和相关资料的分析，得出以下结论：

合作契约稳定性直接因素是合作必须符合双方的利益追求，合作受益大于非合作受益。双方资源互补是合作收益高于不合作收益的前提，因此公司与农户间进行互补投资是契约稳定性的基本前提。第二个前提是农户通过联合提升谈判地位、市场地位。通过提升信息对称性，声誉机制可发挥作用，信任关系不再是提高合作契约稳定性的唯一路径。

水生蔬菜产业提升契约稳定性的因素主要有：①公司吸纳当地能人，依靠当地能人的关系网络，组建合作社或与当地合作社直接合作。通过嵌入多元化的合作方式，凭借龙头企业的信息优势、技术优势等对农户进行服务，在双向交易中构建信任关系。②使用社交网络交易，提升信息对称性，交易双方更在意声誉资本的积累促进了契约的稳定性。③合约设定可以具有灵活性。合约相当于做出的承诺，对增加双方信任关系有促进作用。④具有多功能性、溢价空间高的产品更容易形成稳定合作关系。

8 研究结论与启示

合作契约是实现小农户与现代农业有机衔接的主要途径之一。然而水生蔬菜产业合作的弱稳定性、高违约率，制约了农业产业化发展，阻碍了农业向高质量的发展。为提升水生蔬菜产业合作契约的稳定性，本书回顾前人研究基础上，基于交易成本理论、不完全契约理论、社会嵌入理论、供应链管理理论构建契约匹配—契约稳定性提升的分析框架。第3章、第4章分析了我国水生蔬菜合作契约的演进和合作契约运行效果，在现状和理论框架基础上总结合作契约不稳定的原因。第5章、第6章分别从农户、公司角度分析合作契约匹配问题，明晰农户特征与契约的匹配问题以及公司交易特征、关系特征、产品特征与契约的匹配问题，结果显示大多数公司与农户不适合匹配显性契约。第7章从关系治理角度出发，实证检验通过构建信任关系、扩大社交网络使用、嵌入合作等方式提升契约稳定性。结合访谈资料，总结水生蔬菜产业合作契约稳定的前提和提升路径。本章对前文进行总结，提出促进水生蔬菜产业核讹诈契约稳定性的政策启示。

8.1 结论

第一，水生蔬菜合作契约的演进是双方追求更高合作收益的结果。我国水生蔬菜产业合作契约最初只有古典型契约（市场交易），随水生蔬菜产业化发展、消费需求改变，随后涌现了新古典型契约（订单合约），并呈现向关系型契约（关系契约、股份合作）演进的趋势。在演进过程中多种合作契约形式并存。并且呈现由简单的产品交易向服务、信息共享、要素交换的演化趋势。

技术进步导致了分工的深化，专业化、规模化发展带来了规模效益，生产成本下降，经营利润增加。同时随专业化、规模化发展，生产者更加依赖外部资源，为降低交易成本、风险损失和生产成本，生产者通过更加紧密、长期的合作规避风险，通过分工合作提高效率，获得高额的合作收益。

　　第二，水生蔬菜公司在特定的交易特征、关系特征、产品技术特征下，选择最节约交易成本、规避风险的合作契约形式。水生蔬菜产业合作契约选择的行为机制是：在不同的产品技术特征、公司农户特征、外部环境作用下，产生了不同的交易特征和关系特征；交易特征和关系特征决定了交易成本和风险损失程度，为避免损失、节约成本，需要与之相适应的合作契约安排（见图8-1）。在高交易成本、高风险损失的情况下，需要订单合约、股份合作等显性契约来规避。在低交易成本、低风险损失的情况下，市场交易、关系契约等隐性契约更节约成本。在水生蔬菜产业，不同规模农户参与不同的合作契约。种植规模在百亩以上的农户参与订、股份合作的概率更高。不同兼业程度农户参与不同的合作契约。随风险偏好上升，兼业农户更偏好市场交易，兼业农户在市场波动中面临的风险损失比较低，更加希望获得溢价收益，因此兼业农户风险偏好越高越希望采取市场交易的方式。随着风险偏好上升，专业大户更偏好订单合约或股份合作。

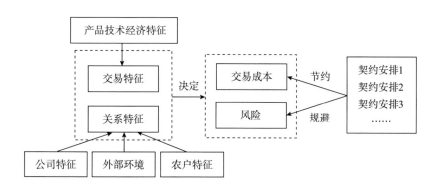

图8-1　公司与农户契约选择行为机制

　　同一企业根据产品技术经济特征不同而选择不同的合作契约。选择订单合约、股份合作、纵向一体化所经营产品的单产所获得收益更高，通过提高产品溢价获得更高利润空间，这类产品通常是高质量、个性化特色产品。而选择市场交易、关系契约所经营产品的单产所获得收益较低，但规模庞大，通过规模效益获得利润，这类产品通常是同质化比较严重、技术水平要求不高的产品。

　　在同一合作契约下，公司根据产品技术特征选择不同类型农户进行合作。当产品所需技术水平要求高、机械化水平低时，如茭白，公司必须与多个小农户进行合作。当产品所需技术水平不高，机械化水平尚可或良好时，如莲藕，公司倾向选择大规模农户进行合作。

紧密的契约关系不能靠形式的推行，需要提升双方专用性投资，改变外部环境特征，改变双方的关系特征（见图 8-2），使相应的契约安排满足双方偏好，满足农产品质量提升的需要。

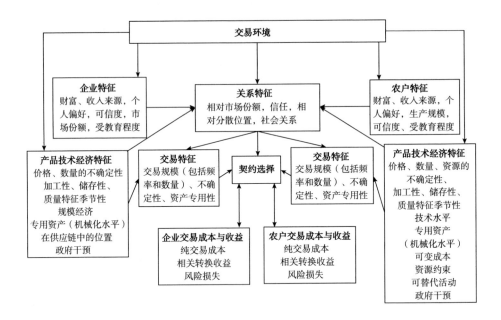

图 8-2 合作契约选择的影响因素

第三，同质化严重的大宗农产品采用显性契约难以达到稳定性，个性化特色农产品采用显性契约容易达到稳定性。同质化严重的大宗农产品，例如，粮食等贮藏期长，公司选择市场交易、关系契约等隐性契约是最节约交易成本的。如果此时农户专用性投资高，专业化程度较高、规模较大，公司与农户保持关系契约比市场交易节约交易成本。如果此时农户专用性投资低，以小农户分散生产为主，公司将通过中间人（经纪人、合作社）市场交易。此时，公司具有外部选择权，处于买方垄断的情况下，公司的资产专用性对契约形式选择的影响失灵。

水生蔬菜中贮藏期短的个性化特色农产品，农户的外部选择非常小，需要依赖公司的销售渠道，选择与公司形成订单合约；如果农户的外部选择较大，不依赖公司的销售渠道，公司为避免供应的不确定性会选择纵向一体化。此类产品的特征是高质量、个性化、多功能价值、溢价空间高。这类产品能够通过显性契约（正式治理）手段达到公司与农户合作的稳定性。当公司所需产品专用性较强、外部选择小，市场地位、谈判能力下降时，公司需要显性契约保证供应的及时性。

第四，水生蔬菜产业合作契约的稳定性促进产品质量的提升。公司与农户间合作时间越长，经营的优等质量产品所占比例显著提高。只有在长期、重复交易中建立稳定合作契约关系，产品销售渠道能够保证产品溢价的情况下，农户才会与公司进行高质量产品生产合作。

第五，合作契约稳定的前提条件是资源互补和双方谈判地位相当。公司在与农户间资源互补、相互依赖的情况下，合作所得的收益才能比不合作所获得收益高，此时双方才选择继续合作。农户在谈判地位弱时，缺乏专用性投资激励。农户和公司会选择经营低技术要求、同质化产品，在市场上进行现货交易。只有在双方谈判地位相当时，农户和公司才会增加专用性投资，考虑违约成本的情况下，农户和公司才会选择继续合作。

第六，社会嵌入通过提高信任关系提高合作契约稳定性，社交网络通过提高信息对称性提高合作契约稳定性。合作嵌入培育信任关系，信任关系降低行为不确定性。信任关系的建立需要在长期沟通、合作中培养建立。在水生蔬菜产业通过嵌入服务和合作是有效的方法。公司向农户提供技术培训服务、信息服务、农资供应服务等增加双方的交流和沟通有助于双方信任关系的提升。信任关系起完全中介作用。

第七，社交网络提高信息对称性，促进声誉机制发挥作用。网络的普及、社交平台的应用在关系治理促进契约稳定性方面逐渐发挥作用。以往研究中朋友关系、亲缘关系对交易具有很大影响，但如今社交网络的使用使信息传播速度加快，农户的交易很少基于朋友、亲缘，公司、合作社，也不止选择与自己关系更近的农户。买方和卖方都有了更多的潜在交易对象、合作对象。

第八，社交网络促进合作契约稳定性的作用机理：一方面，在社交网络上建立的联系具有社会资本性质，农户在社交网络中与更多的公司、合作社、经纪人建立联系，说明其掌握了更多的社会资源，获取信息能力更强、有更大的话语权和控制权，在合作中被"敲竹杠"的可能性大大下降。另一方面，社交网络的使用使信息传播速度加快，信息更加对称。拥有更多的社交网络资源意味着农户处于更广、更复杂的网络关系中。农户的交易信息、守信行为、违约行为能够更快、更广地传播。越是处于社交网络中心位置，传播链越长的农户，越珍惜自己的声誉资本，期许未来交易中能够获得更多收益。这说明社交网络的使用加快了信息传播速度，无须建立信任关系也大大减少了机会主义行为，达到了稳定交易的目的。

8.2 启示

合作契约的匹配取决于市场环境中既定的交易特征、关系特征、产品特征等。事前治理主要通过宏观政策提高技术水平、细化市场、增加信息对称，改变制度环境使其更适应协调性强的契约类型。合作契约的稳定机制主要是通过激活声誉效应、抑制行为的不确定性来促进契约的自我实施。

第一，发展水生蔬菜产业集群，搭建水生蔬菜交流平台，强化品牌建设。各级政府应结合农业部门加强顶层设计，科学规划、合理布局，因地制宜地发展特色优势产业，形成专业村、专业镇、专业县。扩大招商引资力度，吸引大型食品加工企业、出口企业、外资食品公司到当地建立生产车间，发展产业集群。支持规模化生产基地建设，为新型经营主体提供信贷支持、扩大农业保险覆盖范围。鼓励、引导新型经营主体发展特色优势产业，生产高质量产品，拓展产业链，提高产品加工率。对引领农业向高质量发展的新型经营主体，给予金融、税收等方面的优惠。发展区域公用品牌，规范区域公用品牌使用制度；鼓励、引导龙头企业发展商品品牌，对具有一定影响力的农产品品牌给予奖励。联合农业技术部门、从业者构建绿色生产技术标准、产品质量标准体系，大力推行标准化生产，提高产品认证等级。组建行业协会，政府组织农户、收购商、合作社、公司、批发市场组建单一农产品的行业协会。加强协会交流，发挥声誉效应，增强契约稳定性。加强市场信息化建设，加强产地批发市场建设，及时收集、发布市场信息，通过社交网络平台构建及时、准确的市场信息发布网络机制。使用物联网、大数据、人工智能等手段，推动农业信息化，降低交易成本，增强合作契约稳定性。

第二，提升水生蔬菜机械化水平、保鲜加工水平，细化产品市场。在我国供给侧结构性改革的关键时期，应加大特色农产品、小宗农产品的科技研发投入。特别是育种、专用机械、保鲜技术、精深加工等方面亟须强化。加强种质资源管理，对地方品种进行提纯复壮，尽量在保留原有风味的基础上提高产量和抗病性。育种工作者应了解不同层面的需求，对加工需求、消费需求、农户需求进行调研，实现品种专用化、种苗微型化。在栽培技术方面的研究不仅要创新，还要对传统栽培技术去其糟粕取其精华，使我国传统农耕文化得到传承，如具有共生思想的"莲藕—小龙虾种养结合"模式，生态、环保、节能减排，还能增加收入，降低市场风险。加强特色农产品、小宗农产品生产专用机械研发及推广示范，农业机械研发与农艺结合共同推动标准化生产，降低人工成本，提升专用性水平，促进适度规模化发展。在保鲜技术和精深加工方面，要全面了解不同消费者的需求，目前消费市场需求多元化趋势越来明显，针对不同年龄段、不同收入水平、不同职业习惯的人群创造不同包装、不同保鲜方式、不同物理特性的产品，精深加工方面要研发、生产针对不同营养需求人群的产品。加工产品细分将带动生产品种、种植标准细分，从而提升显性契约参与度。

第三，引导水生蔬菜农户联合，提升市场地位。无论是小农户还是专业大户，均需要联合才能获得加工企业、超市、批发市场的合作机会。各级政府应鼓励农户横向联合，组建专业合作组织，发挥合作社的桥梁作用，提高谈判话语权，提升市场地位。鼓励专业大户采用股份合作的方式联合组建合作社，凝聚专业大户，发挥技术示范作用以及渠道优势，积极开拓市场，与批发市场、超市、加工企业签订订单，采取"成本价+利润分成"的方式进行长期合作。各级政府应引导小农户参与到合作组织中来，合作社与小农户间应嵌入农资服务、技术服务、信息服务等，在优化产业布局的基础上，通过服务规模化将有意愿生产、不愿意出租或流转土地的小农户覆盖到现代农业生产中。

第四，水生蔬菜农户与公司应进行互补的投资。农户与公司均进行专用性投资的情况下，能够促进双方达成显性契约，但期望达到长期、稳定的合作状态，他们进行的专用性投资应当是互补的。农户的优势资源是人力资本和土地；公司的优势资源是市场渠道、技术、品牌和资金。需要考虑农户的真实需求和想法，小农户通过兼业经营获得双份收入，通过小规模生产、减少专用性投资降低风险损失。这是小农户在农产品竞争激烈的环境下做出自身利益最大化的选择，符合小农户的利益诉求。各级政府应当在专业大户、合作社的示范效应下，组织农户学习当地优势品种的种植标准，通过技术培训和学习提高栽培技术，学习新的栽培、管理知识，主要提升农户的人力资本专用性。通常认为新型经营主体流转土地规模经营可以把控产品质量、达到规模效益，但农户只能得到固定租金，分享不到增值收益。公司如果无法实现产品溢价或产品增值，常被高额的土地租金和人工成本拖垮。农户掌握土地资源，可通过联合的方式形成规模化、集约化、专业化生产，通过投入品管控把控产品质量。

第五，针对不同农户特征设计相适应的契约。不同规模、不同兼业程度、不同年龄、不同风险偏好的农户所相适应的合作契约形式，应充分考虑不同农户的特征与偏好，根据农户特征和偏好设计契约。对于年老无力耕种、长期在外工作撂荒的农民可采取土地换社保或土地入股的方式，集中的土地用于做加工企业、大型商超、酒店的供应基地。对于兼业经营的小规模农户，应尊重其参与合作契约的意愿，通过政府宣传、大户示范的作用下引导农户参与合作组织，建立订单关系，在小农与合作社的合作中设定较为灵活的定价方式。专业大户生产具有持续性，因此专业大户守信意识较好，投机行为大大减少，需要建立、维护长期的伙伴关系，订单或关系契约均可达到长期合作的效果，采用"成本价+利润分成"的定价方式降低市场风险。

参考文献

[1] Schmiemann M. Inter-enterprise Relations in Selected Economic Activities [J]. Statistics in Focus - industry, Trade and Services, 2007 (57): 135-145.

[2] 刘独臣, 房超, 李跃建, 刘小俊, 梁根云, 杨宏. 四川省水生蔬菜产业发展现状及前景 [J]. 长江蔬菜, 2010 (14): 126-128.

[3] 邱艳. 蔡甸莲藕产业化发展与对策研究 [D]. 武汉: 华中师范大学, 2012.

[4] 俞飞飞, 张其安, 董言香, 严从生, 王艳, 邬刚. 安徽省水生蔬菜产业现状及发展建议 [J]. 长江蔬菜, 2019 (22): 37-41.

[5] 郭凤领, 吴金平, 周洁, 符家平, 肖颖, 黄齐奎. 湖北省水生蔬菜产业调研报告及对策建议 [J]. 中国瓜菜, 2020, 33 (08): 80-84.

[6] 何建军, 程薇, 陈学玲, 关健, 梅新, 周明, 李露, 王俊, 王少华. 我国水生蔬菜保鲜加工产业中存在的问题及改进措施 [J]. 长江蔬菜, 2011 (16): 132-133.

[7] 严守雷, 王清章, 李洁, 杨宏, 胡筱波, 黄新芳, 柯卫东, 刘义满. 湖北省水生蔬菜保鲜加工技术及产业化发展概况 [J]. 长江蔬菜, 2016 (04): 22-24.

[8] 吴曼, 宗义湘, 赵帮宏, 朱红莲. 中国水生蔬菜产业发展现状、存在问题及发展思路 [J]. 长江蔬菜, 2019 (02): 35-41.

[9] 宗义湘, 吴嘉锡, 宋洋, 赵邦宏. 2012—2017 年水生蔬菜价格波动分析 [J]. 长江蔬菜, 2018 (06): 40-44.

[10] Hobbs J E. Measuring the Importance of Transaction Costs in Cattle Marketing [J]. American Journal of Agricultural Economics, 1997, 79 (4): 1083-1095.

[11] Boger S. Quality and Contractual Choice: A Transaction Cost Approach to

the Polish Hog Market［J］. European Review of Agricultural Economics, 2001, 28 (03)：241-262.

［12］屈小博，霍学喜. 交易成本对农户农产品销售行为的影响——基于陕西省 6 个县 27 个村果农调查数据的分析［J］. 中国农村经济，2007（08）：35-46.

［13］黄祖辉，张静，Kevin Chen. 交易费用与农户契约选择——来自浙冀两省 15 县 30 个村梨农调查的经验证据［J］. 管理世界，2008（09）：76-81.

［14］应瑞瑶，王瑜. 交易成本对养猪户垂直协作方式选择的影响——基于江苏省 542 户农户的调查数据［J］. 中国农村观察，2009（02）：46-56+85.

［15］何郑涛，彭珏. 家庭农场契约合作模式的选择机理研究——基于交易成本、利益分配机制、风险偏好及环境相容的解释［J］. 农村经济，2015（06）：14-20.

［16］姚文. 农产品交易垂直协作模式选择研究［D］. 武汉：华中农业大学，2011.

［17］刘洁，祁春节. "公司+农户"契约选择的影响因素研究：一个交易成本分析框架［J］. 经济经纬，2009（04）：106-109.

［18］苟茜，罗必良，王宣喻. 专用性投资、交易成本与农民入社行为选择［J］. 农村经济，2018（12）：62-66.

［19］苟茜，邓小翔. 交易特性、社员身份与农业合作社合约选择［J］. 华南农业大学学报（社会科学版），2019，18（01）：86-98.

［20］丁存振，肖海峰. 交易特性、农户产业组织模式选择与增收效应——基于多元 Logit 模型和 MTE 模型分析［J］. 南京农业大学学报（社会科学版），2019，19（05）：130-142+159.

［21］涂洪波，鄢康. 家庭农场的纵向协作模式选择［J］. 华南农业大学学报（社会科学版），2018，17（06）：22-30.

［22］胡新艳. "公司+农户"：交易特性、治理机制与合作绩效［J］. 农业经济问题，2013，34（10）：83-89+111.

［23］何一鸣，张苇锟，罗必良. 农业交易特性、组织行为能力与契约形式的匹配——来自 2759 个家庭农户的证据［J］. 产经评论，2019，10（06）：31-45.

［24］Mahoney J T. The Choice of Organizational Form：Vertical Financial Owner-ship Versus Other Methods of Vertical Integration［J］. Strategic Management Journal,

1992, 13（8）：559-584.

［25］Bello D C, Dant S P, Lohtia R. Hybrid Governance：The Role of Transaction Costs, Production Costs and Strategic Considerations ［J］. Journal of Business & Industrial Marketing, 1997, 12（02）：118-133.

［26］Cox A. The Art of the Possible：Relationship Management in Power Regimes and Supply Chains ［J］. Supply Chain Management：An International Journal, 2004, 9（05）：346-356.

［27］Young L M, Hobbs J E. Vertical linkages in Agri Food Supply Chains：Changing Roles for Producers, Commodity Groups, and Government Policy ［J］. Applied Economic Perspectives and Policy, 2002, 24（2）：428-441.

［28］Jaffee S. , Morton J. Marketing Africa's High-Value Foods：Comparative Experiences of an Emergent Private Sector ［M］. Dubuque：Kendau Hunt Pub, 2005.

［29］Key N, Mcbride W. Production Contracts and Productivity in the US Hog Sector ［J］. American Journal of Agricultural Economics, 2003, 85（1）：121-133.

［30］Simmons P, Winters P, Patrick I. An Analysis of Contract Farming in East Java, Bali, and Lombok, Indonesia ［J］. Agricultural Economics, 2005（33）：513-525.

［31］Louw A, Jordaan D, Ndanga L, et al. Alternative Marketing Options for Small-scale Farmers in the Wake of Changing Agri-food Supply Chains in South Africa ［J］. Agrekon, 2008, 47（03）：287-308.

［32］Miyata S, Minot N, Hu D. Impact of Contract Farming on Income：Linking Small Farmers, Packers, and Supermarkets in China ［J］. World Development, 2009, 37（11）：1781-1790.

［33］田露, 张越杰. 肉牛产业链组织模式选择及其影响因素分析——基于河南等14个省份341个养殖户（场）的调查 ［J］. 中国农村经济, 2010（05）：56-64.

［34］宋瑛. 农户参与农业产业化经营组织：影响因素及绩效评价 ［D］. 重庆：西南大学, 2014.

［35］侯晶, 侯博. 农户订单合约参与行为及其影响因素分析——基于计划行为理论视角 ［J］. 湖南农业大学学报（社会科学版）, 2018, 19（01）：17-24.

［36］Katchova A L, Miranda M J. Two-step Econometric Estimation of Farm

Characteristics Affecting Marketing Contract Decisions [J]. American Journal of Agri-cultural Economics, 2004 (02): 88-102.

[37] 朋文欢, 黄祖辉. 契约安排、农户选择偏好及其实证——基于选择实验法的研究 [J]. 浙江大学学报 (人文社会科学版), 2017, 47 (04): 143-158.

[38] 韩喜艳, 刘伟, 高志峰. 小农户参与农业全产业链的选择偏好及其异质性来源——基于选择实验法的分析 [J]. 中国农村观察, 2020 (02): 81-99.

[39] 刘馨月, 周力. 订单合作契约属性安排: 农户风险态度与契约选择决策 [J]. 南京农业大学学报 (社会科学版), 2020, 20 (02): 140-148.

[40] Hansmann H. The Ownership of Enterprise [M]. Cam bridge: Harvard University Press, 2000.

[41] Hu Y, Hendrikse G. Allocation of Decision Rights in Fruit and Vegetable Contracts in China [J]. International Studies of Management & Organization, 2009, 39 (04): 8-30.

[42] Zhang Q, Zhou K Z. Governing Interfirm Knowledge Transfer in the Chinese Market: The Interplay of Formal and Informal Mechanisms [J]. Industrial Marketing Management, 2013, 42 (05): 783-791.

[43] Macneil I R. Values in Contract: Internal and External [J]. Nw. UL Rev., 1983 (78): 340.

[44] Zaheer A, Venkatraman N. Relational Governance as An Interorganizational Strategy: An Empirical Test of the Role of Trust in Economic Exchange [J]. Strategic Management Journal, 1995, 16 (05): 373-392.

[45] Thorgren S, Wincent J. Interorganizational Trust: Origins, Dysfunctions and Regulation of Rigidities [J]. British Journal of Management, 2011, 22 (01): 21-41.

[46] Lui S S, Ngo H. The Role of Trust and Contractual Safeguards on Coopera-tion in Non-equity Alliances [J]. Journal of management, 2004, 30 (04): 471-485.

[47] Li Y, Xie E, Teo H H, et al. Formal Control and Social Control in Domes-tic and International Buyer - supplier Relationships [J]. Journal of Operations Man-agement, 2010, 28 (04): 333-344.

[48] Poppo L, Zenger T. Do Formal Contracts and Relational Governance Func-tion as Substitutes or Complements? [J]. Strategic management journal, 2002, 23

（08）：707-725.

[49] Hoffmann W H, Neumann K, Speckbacher G. The Effect of Interorganiza-
tional Trust on Makeor Cooperate Decisions: Disentangling Opportunismd Ependent and
Opportunism Independent Effects of Trust [J]. European Management Review, 2010,
7（02）：101-115.

[50] Ryu S, Min S, Zushi N. The Moderating Role of Trust in Manufacturer Sup-
plier Relationships [J]. Journal of Business & Industrial Marketing, 2008, 23
（01）：48-58.

[51] Mumdziev N, Windsperger J. An Extended Transaction Cost Model of Deci-
sion Rights Allocation in Franchising: The Moderating Role of Trust [J]. Managerial
and Decision Economics, 2013, 34（3-5）：170-182.

[52] 浦徐进, 岳振兴. 考虑农户信任的"公司+农户"型农产品供应链契
约选择 [J]. 软科学, 2019, 33（07）：40-46.

[53] 董晓波. 资产专用性、市场结构与合约选择——企业领办合作社的动
因与影响分析 [J]. 商业经济研究, 2015（05）：116-117.

[54] 孙兰生. 关于订单合约的经济学分析 [J]. 农业发展与金融, 2006
（06）：35-37.

[55] 刘凤芹. 不完全合约与履约障碍——以订单合约为例 [J]. 经济研
究, 2003（04）：22-30+92.

[56] 贾伟强. 公司与农户合作机制的系统反馈结构分析 [J]. 安徽农业科
学, 2007（29）：9410-9412.

[57] 张春勋. 关系契约与农产品关系契约稳定性研究 [D]. 重庆：重庆
大学, 2010.

[58] 胡丹婷. 治理结构的选择与稳定 [D]. 杭州：浙江大学, 2008.

[59] 赵西亮, 吴栋, 左臣明. 农业产业化经营中商品契约稳定性研究
[J]. 经济问题, 2005（03）：42-44.

[60] 赵晓飞, 李崇光. "农户—龙头企业"的农产品渠道关系稳定性：理
论分析与实证检验 [J]. 农业技术经济, 2007（05）：15-24.

[61] 张玲, 周霞, 齐菲. 交易成本约束下肉鸡产业"公司+农户"关系契
约稳定机制研究 [J]. 山东农业大学学报（社会科学版）, 2015, 17（01）：
55-59+114.

[62] 俞雅乖. 农业产业化契约类型及稳定性分析——基于资产专用性视角

[J]．贵州社会科学，2008（02）：99-105.

[63] 徐健，张闯，夏春玉．农户人际关系网络结构、交易成本与违约倾向 [J]．财贸经济，2010（12）：133-139.

[64] 张闯，夏春玉．农产品流通渠道：权力结构与组织体系的构建 [J]．农业经济题，2005（07）：28-35+79.

[65] MacDonald J M, Perry J, Ahearn M C, et al. Contracts, Markets, and Prices: Organizing the Production and Use of Agricultural Commodities [R]. USDA-ERS Agricultural Economic Report, 2004 (837).

[66] Key N, McBride W. Production Contracts and Productivity in the US Hog Sector [J]. American Journal of Agricultural Economics, 2003, 85 (01): 121-133.

[67] Patrick I. Contract Farming in Indonesia: Smallholders and Agribusiness Working Together [R]. 2004.

[68] 周立群，曹利群．商品契约优于要素契约——以农业产业化经营中的契约选择为例 [J]．经济研究，2002（01）：14-19+93.

[69] 尹云松，高玉喜，糜仲春．公司与农户间商品契约的类型及其稳定性考察——对 5 家农业产业化龙头企业的个案分析 [J]．中国农村经济，2003 (08)：63-67.

[70] 孟枫平，尹云松．公司与农户间商品契约稳定性问题的进一步探讨 [J]．财贸研究，2004（06）：23-26.

[71] 刘凤芹．"公司+农户"模式的性质及治理关系探究 [J]．社会科学战线，2009（05）：45-50.

[72] 范其学．垄断契约、专用资产与弱势契约主体行为研究——来自烟草种植业的经验数据 [J]．安徽大学学报（哲学社会科学版），2007（03）：126-131.

[73] 刘馨月，周力．专用性投资与契约稳定性的再审视——基于外部选择的探讨 [J]．农业技术经济，2019（08）：68-78.

[74] Vukina T, Leegomonchai P. Oligopsony Power, Asset Specificity, and Hold-Up: Evidence from the Broiler Industry [J]. American Journal of Agricultural Economics, 2006, 88 (03): 589-605.

[75] 赵泉民，李怡．关系网络与中国乡村社会的合作经济——基于社会资本视角 [J]．农业经济问题，2007（08）：40-46.

[76] 陈伟．供应链企业间知识交易的创新效应与契约机制研究 [D]．重

庆：重庆大学，2011.

　　［77］Fernández‐Olmos M. The Moderating Role of Trust in Contractual Choice ［J］. British Food Journal，2011，113（2-3）：374-390.

　　［78］张闯，徐佳. 契约型农产品渠道中专有资产投入、人际信任与关系稳定 ［J］. 北京工商大学学报（社会科学版），2016，31（01）：109-119.

　　［79］赵晓峰. 信任建构、制度变迁与农民合作组织发展—— 一个农民合作社规范化发展的策略与实践 ［J］. 中国农村观察，2018（01）：14-27.

　　［80］Macneil I R. The New Social Contract：An Inquiry into Modern Contractual Relations ［J］. Michigan，1981，79（04）：28.

　　［81］万俊毅，欧晓明. 社会嵌入、差序治理与合约稳定——基于东进模式的案例研究 ［J］. 中国农村经济，2011（07）：14-24.

　　［82］钱海梅. 村规民约与制度性社会资本——以一个城郊村村级治理的个案研究为例 ［J］. 中国农村观察，2009（02）：69-75.

　　［83］万俊毅，彭斯曼，陈灿. 农业龙头企业与农户的关系治理：交易成本视角 ［J］. 农村经济，2009（04）：25-28.

　　［84］曹艳爱. "公司+农户"模式稳定性研究概述 ［J］. 广东农业科学，2013，40（15）：229-232.

　　［85］吴平肖，谈存峰. 农民经纪人社会关系网嵌入性研究 ［J］. 生产力研究，2020（02）：42-44.

　　［86］吴本健，肖时花，马九杰. 农业供给侧结构性改革背景下的农业产业化模式选择——基于三种契约关系的比较 ［J］. 经济问题探索，2017（11）：183-190.

　　［87］夏春玉，张闯，董春艳，梁守砚. "订单合约"中交易关系的建立、发展与维护——以经纪人主导的蔬菜流通渠道为例 ［J］. 财贸研究，2009，20（04）：25-34.

　　［88］张闯，夏春玉，梁守砚. 关系交换、治理机制与交易绩效：基于蔬菜流通渠道的比较案例研究 ［J］. 管理世界，2009（08）：124-140+156+188.

　　［89］聂辉华. 契约理论的起源、发展和分歧 ［J］. 经济社会体制比较，2017（01）：1-13.

　　［90］刘仁军. 交易成本、社会资本与企业网络——关系契约理论与应用. ［D］. 武汉：华中科技大学，2004.

　　［91］Grossman S J，Hart O D. The Costs and Benefits of Ownership：A Theory of

Vertical and Lateral Integration [J]. Journal of Political Economy, 1986, 94 (04): 691-719.

[92] Raynaud E, Sauvee L, Valceschini E. Alignment between Quality Enforcement Devices and Governance Structures in the Agro-food Vertical Chains [J]. Journal of Management & Governance, 2005, 9 (01): 47-77.

[93] 奥利弗·威廉姆森, 西德尼·G. 温特. 企业的性质 [M]. 北京: 商务印书馆, 2009.

[94] 盛洪. 现代制度经济学上卷 [M]. 北京: 中国发展出版社, 2009.

[95] 奥利弗·威廉姆森. 治理机制 [M]. 北京: 机械工业出版社, 2016.

[96] 尹云松, 高玉喜, 糜仲春. 公司与农户间商品契约的类型及其稳定性考察——对 5 家农业产业化龙头公司的个案分析 [J]. 中国农村经济, 2003 (08): 63-67.

[97] Gonzalez D. Managing Online risk: Apps, Mobile, and Social Media Security [M]. Oxford: Butterworth-Heinemann, 2014.

[98] Mayer N, Rifaut A, Dubois E. Towards A Risk-based Security Requirements Engineering Framework [C]. Proc. of REFSQ. 2005.

[99] Aven T, Renn O. On Risk Defined as An Event Where the Outcome is Uncertain [J]. Journal of Risk Research, 2009, 12 (01): 1-11.

[100] Purdy G. ISO 31000: 2009—Setting A New Standard for Risk Management [J]. Risk Analysis: An International Journal, 2010, 30 (06): 881-886.

[101] Harwood J L. Managing Risk in Farming: Concepts, Research, and Analysis [M]. New York: US Department of Agriculture, ERS, 1999.

[102] Hardaker J B, Lien G, Anderson J R, et al. Coping with Risk in Agriculture: Applied Decision Analysis [M]. Cabi, 2015.

[103] Musser W N, Patrick G F. How Much Does Risk Really Matter to Farmers? [M]. A Comprehensive Assessment of the Role of Risk in US Agriculture [M]. Springer, Boston, MA, 2002.

[104] Kahan, D. Managing Risks in Farming [R]. FAO: Rome: Italy, 2013.

[105] 王明涛. 农产品市场风险规避问题研究 [D]. 武汉: 华中农业大学, 2003.

[106] Traxler G, Falck-Zepeda J, Ortiz-Monasterio R J I, Sayre K. Production Risk and the Evolution of Varietal Technology [J]. Am. J. Agric. Econ, 1995

（77）1-7.

［107］Sassenrath G F, Heilman P, Luschei E, et al. Technology, Complexity and Change in Agricultural Production Systems ［J］. Renewable Agriculture and Food Systems, 2008, 23（04）: 285-295.

［108］Fraser G. Biosecurity and Food Security—effective Mechanisms for Public-private Partnerships ［J］. Food Security, 2016, 8（01）: 83-87.

［109］Ju H, van der Velde M, Lin E, et al. The Impacts of Climate Change on Agricultural Production Systems in China ［J］. Climatic Change, 2013, 120（01）: 313-324.

［110］Anandhi A, Steiner J L, Bailey N. A System's Approach to Assess the Exposure of Agricultural Production to Climate Change and Variability ［J］. Climatic Change, 2016, 136（03）: 647-659.

［111］World Bank. Managing Agricultural Production Risk: Innovations in Developing Countries ［R］. Washington, 2012.

［112］Hay J. Extreme Weather and Climate Events, and Farming Risks ［C］. Managing Weather and Climate Risks in Agriculture. Springer, Berlin, Heidelberg, 2007.

［113］Williamson O E. The Vertical Integration of Production: Market Failure Considerations ［J］. The American Economic Review, 1971, 61（02）: 112-123.

［114］Stiglitz J E. Incentives and Risk Sharing in Sharecropping ［J］. The Review of Economic Studies, 1974, 41（02）: 219-255.

［115］Hart O, Holmstrom B. The Theory of Contracts ［C］. Advances in Economic Theory: Fifth World Congress, 1987.

［116］Williamson O E. Markets and Hierarchies: Analysis and Antitrust Implications: A Study in the Economics of Internal Organization ［J］. Social Science Electronic Publishing, 1975, 86（343）: 619.

［117］Williamson O E. Transaction-cost Economics: The Governance of Contractual Relations ［J］. The Journal of Law and Economics, 1979, 22（02）: 233-261.

［118］Klein B, Crawford R G, Alchian A A. Vertical Integration, Appropriable Rents, and the Competitive Contracting Process ［J］. The journal of Law and Economics, 1978, 21（02）: 297-326.

［119］Lars Werin, Hans Wijkander. 契约经济学 ［M］. 李风圣, 主译. 北京: 经济科学出版社, 1999.

［120］Grossman S J, Hart O D. The Costs and Benefits of Ownership: A Theory of Vertical and Lateral Integration ［J］. Journal of Political Economy, 1986, 94 (04): 691-719.

［121］Hart O, Moore J. Property Rights and the Nature of the Firm ［J］. Journal of Political Economy, 1990, 98 (06): 1119-1158.

［122］张玉卓. 奥利弗·哈特"不完全合同理论"评述 ［J］. 天津商业大学学报, 2019, 39 (02): 47-54.

［123］Chiu Y S, Yang B R. The Outside Option, Threat Point, and Nash Bargaining Solution ［J］. Economics Letters, 1999, 62 (02): 181-188.

［124］De Meza D, Lockwood B. Does Asset Ownership Always Motivate Managers? Outside Options and the Property Rights Theory of the Firm ［J］. The Quarterly Journal of Economics, 1998, 113 (02): 361-386.

［125］刘清海, 史本山. 外部选择与关系专用性投资激励——基于 GHM 模型的研究 ［J］. 技术经济与管理研究, 2012 (09): 106-109.

［126］埃瑞克·G. 菲吕博顿, 鲁道夫·瑞切特. 新制度经济学 ［M］. 孙经纬, 译. 上海: 上海财经大学出版社, 1998.

［127］Telser L G. A Theory of Self-enforcing Agreements ［J］. Journal of Business, 1980 (02): 27-44.

［128］张维迎. 所有制、治理结构及委托—代理关系——兼评崔之元和周其仁的一些观点 ［J］. 经济研究, 1996 (09): 3-15+53.

［129］Keps D, R Wilson. Reputation and Imperfect Information ［J］. Journal of Economic Theory, 1982, 27 (02): 253-279.

［130］米运生, 郑秀娟, 李宇豪. 专用性资产、声誉效应与农村互联性贷款的自我履约 ［J］. 经济科学, 2017 (05): 78-94.

［131］Arora S., Romijn H. The Empty Rhetoric of Poverty Reduction at the Base of the Pyramid ［J］. Organization, 2012, 19 (04), 481-505.

［132］Salomon A, Forges F. Bayesian Repeated Games and Reputation ［J］. Journal of Economic Theory, 2015 (159): 70-104.

［133］刘丽, 吕杰. 专用资产投资、声誉机制与农户土地流转履约博弈分析 ［J］. 农业经济, 2017 (12): 61-63.

［134］万俊毅. 准纵向一体化、关系治理与合约履行——以农业产业化经营的温氏模式为例 ［J］. 管理世界, 2008 (12): 93-102+187-188.

［135］徐忠爱．自我履约为什么重要——基于中国农业契约特征的分析和思考［J］．内蒙古社会科学（汉文版），2011，32（05）：100-106.

［136］陈灿，罗必良．农业龙头企业对合作农户的关系治理［J］．中国农村观察，2011（06）：46-57+95.

［137］Polanyi K. The Great Transformation［M］. Boston MA：Beacon Press，1944.

［138］Granovetter M. Economic Action and Social Structure：The Problem of Embeddedness［J］. American Journal of Sociology，1985，91（03）：481-510.

［139］刘帅顺，张汝立．嵌入式治理：社会组织参与社区治理的一个解释框架［J］．理论月刊，2020（05）：122-131.

［140］许亚萍，张杰，徐振宇．社会网络对农产品交易的影响一个综述［J］．商业经济研究，2017（02）：155-158.

［141］王蕾，杨晓卉，姜明栋．社会网络关系嵌入视角下农户参与小型农田水利设施供给意愿研究［J］．农村经济，2019（01）：111-117.

［142］Fafchamps M. Development and Social Capital［J］. The Journal of Development Studies，2006，42（07）：1180-1198.

［143］Fukuyama F. Social Capital and Civil Society，International Monetary Fund［R］. Washington：DC，2000.

［144］Lenhart A，Madden M. Social Networking Websites and Teens：An Overview［J］. Pew & American Life Project，2007（02）：215-233.

［145］Bruce Antelman，李雯．社交网络［J］．高校图书馆工作，2008，（01）：14.

［146］熊熙，胡勇．基于社交网络的观点传播动力学研究［J］．物理学报，2012（15）：104-110.

［147］Prahalad C K. The Fortune at the Bottom of the Pyramid［M］. Uppers Saddle River，NJ：Wharton School，2005.

［148］Hahn R. The Ethical Rational of Business for the Poor – integrating the Concepts Bottom of the Pyramid，Sustainable Development，and Corporate Citizenship［J］. Journal of Business Ethics，2009，84（03）：313-324.

［149］Khalid R U，Seuring S. Analyzing Base-of-the-pyramid Research from A（Sustainable）Supply Chain Perspective［J］. Journal of Business Ethics，2019，155（03）：663-686.

［150］Ray S, Ray P K. Product Innovation for the People's Car in An Emerging Economy ［J］. Technovation, 2011, 31 （5-6）: 216-227.

［151］Chen I J, Paulraj A. Towards A Theory of Supply Chain Management: The Constructs and Measurements ［J］. Journal of Operations Management, 2004, 22 （02）: 119-150.

［152］Seuring S, Müller M. From A Literature Review to A Conceptual Framework for Sustainable Supply Chain Management ［J］. Journal of Cleaner Production, 2008, 16 （15）: 1699-1710.

［153］Pagell M, Wu Z. Building A More Complete Theory of Sustainable Supply Chain Management Using Case Studies of 10 Exemplars ［J］. Journal of Supply Chain Management, 2009, 45 （02）: 37-56.

［154］Carter C R, Rogers D S. A Framework of Sustainable Supply Chain Management: Moving Toward New Theory ［J］. International Journal of Physical Distribution & Logistics Management, 2008, 38 （5-6）: 360-378.

［155］Lim C, Han S, Ito H. Capability Building through Innovation for Unserved Lower end Mega Markets ［J］. Technovation, 2013, 33 （12）: 391-404.

［156］Akula V. Business Basics at the Base of the Pyramid ［J］. Harvard Business Review, 2008, 86 （06）: 53.

［157］Ghauri P, Tasavori M, Zaefarian R. Internationalisation of Service Firms through Corporate Social Entrepreneurship and Networking ［J］. International Marketing Review, 2014, 31 （06）: 576-600.

［158］Arora S, Romijn H. The Empty Rhetoric of Poverty Reduction at the Base of the Pyramid ［J］. Organization, 2012, 19 （04）: 481-505.

［159］柯卫东, 黄新芳, 李建洪, 严守雷, 刘义满, 李峰. 我国水生蔬菜科研与生产发展概况 ［J］. 长江蔬菜, 2015 （14）: 33-37.

［160］马晓艳, 蒋建荣, 潘喻佳. 2012 年苏州市水生蔬菜中有机磷农药残留状况监测及分析 ［J］. 中国卫生检验杂志, 2013, 23 （15）: 3112-3113.

［161］张仙, 王小飞, 胡西洲, 等. 基于 QuEChERS-GC-FPD 法的水生蔬菜中 33 种有机磷农药残留测定 ［J］. 湖北农业科学, 2018, 57 （20）: 122-125.

［162］Allen D W, Lueck D. Risk Preferences and the Economics of Contracts ［J］. The American Economic Review, 1995, 85 （02）: 447-451.

［163］Hennessy D A, Lawrence J D. Contractual Relations, Control, and Quality in the Hog Sector ［J］. Applied Economic Perspectives and Policy, 1999, 21（01）: 52-67.

［164］Ligon E. Optimal Risk in Agricultural Contracts ［J］. Agricultural Systems, 2003, 75（2-3）: 265-276.

［165］Cheung S N S. Transaction Costs, Risk Aversion, and the Choice of Contractual Arrangements ［M］ New York: Academic Press, 1978.

［166］Stiglitz J E. Incentives and Risk Sharing in Sharecropping ［J］. The Review of Economic Studies, 1974, 41（02）: 219-255.

［167］王磊, 李翠霞, 王泽民. 合作伙伴特性对乳制品供应链合作关系稳定性的影响——基于质量安全视角的实证研究 ［J］. 农业技术经济, 2019（07）: 104-114.

［168］黄胜忠, 伏红勇. 公司领办的农民合作社: 社会交换、信任困境与混合治理 ［J］. 农业经济问题, 2019（02）: 53-62.

［169］陈金波, 张俊, 夏鹏萧, 张玉莹, 孙青青. "农超对接"模式下农户心理契约、组织承诺与机会主义行为研究 ［J］. 农业经济问题, 2018（12）: 128-139.

［170］Dorward A. The Effects of Transaction Costs, Power and Risk on Contractual Arrangements: A Conceptual Framework for Quantitative Analysis ［J］. Journal of Agricultural Economics, 2001, 52（02）: 59-73.

［171］周振, 孔祥智. 资产专用性、谈判实力与农业产业化组织利益分配——基于农民合作社的多案例研究 ［J］. 中国软科学, 2017（07）: 28-41.

［172］Birthal P S, Joshi P K, Gulati A. Vertical Coordination in High-value Commodities: Implications for Smallholders ［R］. 2005.

［173］Masakure O, Henson S. Why Do Small-scale Producers Choose to Produce Under Contract? Lessons from Nontraditional Vegetable Exports from Zimbabwe ［J］. World Development, 2005, 33（10）: 1721-1733.

［174］翁贞林, 朱红根, 张月水. 稻作经营大户合同售粮行为的影响因素分析 ［J］. 中国农村经济, 2009（06）: 27-26.

［175］Zylbersztajn D, Gualberto A P L, Nadalini L B. Tomatoes and Courts: Strategy of the Agro-industry Facing Weak Contract Enforcement ［C］. Proceedings of Annual Conference of the International Society for New Institutional Economics. Budapest，Hungary，2003.

［176］蔡荣，蔡书凯．粮食主产区农户订单参与行为及交易绩效研究——以安徽省水稻种植户为例［J］．财贸研究，2013，24（02）：29-36.

［177］卢昆，马九杰．农户参与订单农业的行为选择与决定因素实证研究［J］．农业技术经济，2010（09）：10-17.

［178］Franken J R V，Pennings J M E，Garcia P. Do Transaction Costs and Risk Preferences Influence Marketing Arrangements in the Illinois Hog Industry？［J］．Journal of Agricultural and Resource Economics，2009（02）：297-315.

［179］赵翠萍．农户参与粮食订单影响因素的实证分析［J］．农业经济问题，2009（10）：72-78.

［180］Zheng X，Vukuna T，Shin C. The Role of Farmers' Risk A Version for Contract Choice in the US Hog Industry［J］．Journal of Agricultural & Food Industrial Organization，2008，6（04）：1-20.

［181］孙艳华，应瑞瑶，刘湘辉．农户垂直协作的意愿选择及其影响因素分析［J］．农业技术经济，2010（04）：114-119.

［182］Wang H，Zhang Y，Wu L. Is Contract Farming a Risk Man-agement Instrument for Chinese Farmers？［J］．China Agricultural Economic Review，2011，3（04）：489

［183］陈茜，田治威，段伟．禀赋异质性对农户风险偏好影响的实证检验［J］．统计与决策，2019，35（08）：104-107.

［184］李振杰，韩杰．基于 Logistic 回归模型的农户土地流转意愿实证分析［J］．统计与决策，2019，35（13）：110-114.

［185］赵泉民，李怡．关系网络与中国乡村社会的合作经济——基于社会资本视角［J］．农业经济问题，2007（08）：40-46.

［186］张旭梅，陈伟．供应链企业间信任、关系承诺与合作绩效——基于知识交易视角的实证研究［J］．科学学研究，2011，29（12）：1865-1874.

［187］张闯，徐佳．契约型农产品渠道中专有资产投入、人际信任与关系稳定［J］．北京工商大学学报（社会科学版），2016，31（01）：109-119.

［188］Fernández-Olmos M. The Moderating Role of Trust in Contractual Choice［J］．British Food Journal，2011，113（2-3）：374-390.

［189］徐家鹏．关系治理与"生猪养殖户+收购商"交易的长期稳定——基于养殖户的感知视角［J］．农林经济管理学报，2019，18（03）：356-365.

[190] 田敏，张闯，夏春玉．契约型农产品渠道中私人关系对交易关系稳定性的影响［J］．财贸研究，2014，25（03）：49-56.

［191］谢继蕴，李崇光．渠道关系稳定性和流程优化对农产品流通成本的影响——以新疆林果产品供应链为例［J］．农业现代化研究，2019，40（01）：109-119.

［192］黄季焜，邓衡山，徐志刚．中国农民专业合作经济组织的服务功能及其影响因素［J］．管理世界，2010（05）：75-81.

［193］张旭梅，陈伟．供应链企业间信任、关系承诺与合作绩效——基于知识交易视角的实证研究［J］．科学学研究，2011，29（12）：1865-1874.

［194］张维迎，柯荣住．信任及其解释：来自中国的跨省调查分析［J］．经济研究，2002（10）：59-70+96.

附　录

走访合作社名单

合作社名称
监利县农欣粮棉种植专业合作社
监利县同乐莲藕种植专业合作社
强农公司合作社
琦玲种植专业合作社
干河办西河村鱼莲共生专业合作社
晶灿灿莲半专业合作社
三湖荸荠种植专业合作社
荆门市无家榜藕带种植专业合作社
实民藕带种植专业合作社
枝江市三湖莲藕种植专业合作社
洪湖市丰兆家庭农场
洪湖市黄盖明莲藕种植专业合作社
洪湖华贵莲藕种植专业合作社
潜江湖美人家生态农业合作社
团风县银连水生蔬菜专业合作社
浠水县大家乐香莲种植专业合作社
浠水县江河水产品专业合作社
潜江黄湾莲藕种植专业合作社
武汉同合卫国农业机械专业合作社
团风县科发供销生态种养专业合作社
团风县方高镇荸荠专业合作社

续表

合作社名称
浠水县农湖菱角种植专业合作社
汉川长吴莲藕种植专业合作社
蔡甸绿色方舟莲藕种植专业合作社
金腾莲藕种植专业合作社
钟山县柳锡荸荠种植专业合作社
浠水县大家乐香莲种植专业合作社
浠水县农湖菱角种植专业合作社
浙江桐乡董家茭白专业合作社
广西贵港龙凤村莲藕专业合作社

企业走访名单

企业名称
好硒奇农产品开发有限公司
咸宁市（向阳湖）奕田香莲农业科技有限公司
湖北联创食品有限公司
湖北省嘉野生态农业有限公司
监利县益农科技股份有限公司
湖北强农食品股份有限公司
荆门绿普旺高新农业股份有限公司
荆州市白湖生态农业发展有限公司
洪湖市藕都生态农业有限公司
湖北华贵食品有限公司
湖北五芳园食品有限公司
湖北彬鸿食品有限公司
广西桂林爱明生态农业开发有限公司
江西致纯视频股份有限公司
广西贺州瑞羊农业开发有限公司
广西平乐宏源农业发展有限公司
湖北惠致农贸有限公司
广西荔浦桂香园食品有限公司
广西贵港市荷美旅游文化投资有限公司